Profil für Deutschland

Herstellung und Verlag:
Books on Demand GmbH, Norderstedt
ISBN 3-8334-3417-1

Alexander von Wrese

Profil für Deutschland

Inhalt

Vorwort

Meine Motivation zum Schreiben dieses Buches resultiert aus der Tatsache, dass ich festgestellt habe, wie wenig klar heutzutage die einzelnen Linien zwischen den Parteien verlaufen und wie wichtig ein politischer Neuanfang für Deutschland ist. Zu Recht stellt man sich immer wieder die Frage, ob es eine klare Grenzziehung zwischen den einzelnen Fronten innerhalb Deutschlands überhaupt noch gibt. Zwar sprechen die Medien tagtäglich von linken und rechten Parteien, Bündnissen, etc. Schaut man sich jedoch die Parteiprogramme der etablierten Volksparteien oder Auftritte von deren Vertretern im Fernsehen an, so bekommt man unweigerlich den Eindruck, dass die alten Politikstrukturen kaum noch vorhanden sind. Nicht Ideologien, sondern Pragmatismus scheint das vorherrschende Mittel der Politik zu sein. Der Unterschied der Parteien wird deswegen zusehends für den Wähler unkenntlich. Das Phänomen der vielen Wechselwähler ist die Folge. Immer weniger Bürger fühlen sich über mehrere Jahre hinweg an eine Partei gebunden. Leiden die etablierten Volksparteien etwa an mangelndem Profil oder brauchen die Parteien einfach eine charismatische Parteispitze, um sich besser aus dem Einheitsbrei gleicher Wahlprogramme abzuheben? Die stetig wachsende Zahl von Nichtwählern und anderen Politikverdrossenen sollte ein erstes alarmierendes Zeichen dafür sein, dass es der Mehrheit der etablierten Parteien nicht zu gelingen scheint, große Teile der Bevölkerung langfristig an sich zu ziehen. Es ist an der Zeit für eine Politik mit Ecken und Kanten, die auch vor etwaigen Tabubrüchen nicht zurückscheut.

Alexander von Wrese, Mülheim/ Ruhr im Mai 2005

Rückblick Bundestagswahl 2002

Um das Phänomen der hohen Wechselwähler - und Nichtwählerzahlen in Deutschland zu verstehen, ist schon eine erste Analyse der vergangenen Bundestagswahl im September 2002 sehr hilfreich. Sie zeigt in vorbildlicher Weise, wie die etablierten Parteien Deutschlands fieberhaft versuchten, möglichst ähnliche Wahlprogramme aufzustellen. Positionen, die als nicht konsensfähig oder zu "heiß" empfunden wurden, hat man schlicht ausgeklammert und nicht weiter angesprochen. Weder die einen noch die anderen wollten als diejenigen dastehen, die sich mit riskanten Themen kurz vor der Wahl „vergaloppieren“. Natürlich ist es schön, wenn der Eindruck erweckt wird, die Meinungen der verschiedenen politischen Strömungen lägen in Deutschland nicht mehr weit auseinander. Dieser Eindruck wird durch das Auftreten der Abgeordneten in Land - und Bundestag geradezu verstärkt. Jeder scheint einer klaren Konfrontation aus dem Wege zu gehen. Man scheint der Auffassung zu sein, dass man zwar durch allgemeinkonforme Partei übergreifende Positionen, die es allen recht zu machen scheinen, nicht viel dazu gewinnen kann. Genauso vermutet man scheinbar, kann man sich jedoch auch nicht die politischen Finger verbrennen. Schaut man sich den Ausgang der vergangenen Bundestagswahl in den einzelnen Ländern und Wahlkreisen an, so wird man schnell zu einem sehr frappierenden Ergebnis kommen. Die Parteien aller Couleur haben in denjenigen Ländern und

Wahlkreisen am besten abgeschnitten, in denen sie bundesweit gesehen mit dem sichtbarsten Profil und der deutlichsten Unterscheidbarkeit zu anderen Parteien antraten. So konnte zum Beispiel die CDU/CSU gerade in Bundesländern wie Hessen mit Roland Koch und Bayern mit Edmund Stoiber die meisten Stimmen auf sich vereinigen. Gerade in diesen Ländern aber gelten die Parteispitzen als vermeintliche „Polarisierer", als klare Gegenpole zu anderen Parteien. In anderen CDU - Landesverbänden, denen eher gemäßigte oder besonders liberal erscheinende Landesvorsitzende vorstehen, schnitt die Partei jedoch wesentlich schlechter ab. Man kann dies natürlich damit zu erklären versuchen, dass es nun mal Bundesländer gibt, deren Einwohner durch ihre Tradition und ihre Entwicklung in der Geschichte Deutschlands besonders stark an eine bestimmte Partei gebunden sind. Dadurch kämen zum Beispiel in katholisch dominierten Landstrichen Bayerns so hohe Wahlergebnisse für die CSU zustande.

Dies ist nur zum Teil richtig. Wie ließe sich sonst erklären, dass Roland Koch seit der Landtagswahl 2003 mit absoluter Mehrheit im "roten" Hessen regiert. Es scheint also vielmehr darauf anzukommen, wie profiliert sich eine Partei und ihre Kandidaten positionieren, um ein bestmögliches Wahlergebnis für eine Partei zu erzielen. Dass es nun doch wieder zur Neuauflage von Rotgrün kam, hängt damit zusammen, dass es Schröder besser verstand, auf unerwartete Ereignisse wie die Oderflut im August zu reagieren und die Stimmung im Volk gegen den bevorstehenden Irakkrieg der Amerikaner zu seinen Gunsten zu instrumentalisieren. Dies reichte zu einem knappen Wahlerfolg, der die Koalition von Rot-grün in eine neue Legislaturperiode rettete. Die CDU konnte mit ihrer klaren proamerikanischen Haltung ihrer Vorsitzenden zum Irakkrieg und den ungenauen und vagen Stellungnahmen Stoibers als Kanzler-kandidaten zu diesem Thema nicht die Herzen der Wählerinnen und Wähler für sich gewinnen. Wenn obendrein kein signifikanter Unterschied zwischen den Programmen der Parteien auszumachen ist, dann stellt die CDU/CSU im Auge der Wähler keine wirk-liche Alternative zur SPD dar.

Die Farblosigkeit vieler großer Parteien hat zur Fol-ge, dass kleine populistische Parteien Auftrieb be-kommen. So hat die Schill - Partei bei ihrer ersten Bundestagswahl immerhin knapp 450.000 Wähler-stimmen bundesweit bekommen. Eine Zahl, die ge-messen an dem hohen Prozentsatz von Nichtwählern nicht zu unterschätzen ist. Auch in anderen Ländern Europas hat die vermeintliche Nichtunterscheidbar-keit der großen etablierten Parteien dazu geführt, dass kleine Parteien, die überwiegend am rechten po-litischen Rand einzuordnen sind, Auftrieb erfahren haben. Man denke in dem Zusammenhang nur an die Wahlerfolge Haiders in Österreich oder Fortyns in den Niederlanden. Ein solcher Trend würde mittel-fristig aufgehalten, wenn die Volksparteien klare Po-sitionen und damit deutliche Abgrenzungsmöglich-keiten gegeneinander bieten würden. Es ist an der Zeit.

Deutschland in der Krise

Die fetten Nachkriegsjahre in Deutschland sind vorerst vorbei. Darin sind sich Politiker jeder Couleur einig. Nach einem Wirtschaftswunder, das sich über viele Jahre hinzog und Wohlstand für alle prophezeite, kommt nun die Kehrtwende. Die Zahl der Arbeitslosen liegt bei dramatischen 5 Millionen. Die Zahl der Insolvenzen hat sich in den letzten Jahren mehr als verdoppelt und die PISA - Studie bescheinigte den deutschen Schülern lediglich Mittelmaß. Wie konnte es so weit kommen und welches sind die nötigsten Reformschritte, die nun unverzüglich unternommen werden müssen? Eine Frage, die immer wieder gestellt aber nie hinreichend beantwortet wird.

Dabei liegen die Ursachen für die Misere klar auf der Hand. Eine Überversorgung und Überbetreuung der Bevölkerung führte dazu, dass sich in den Köpfen der Bürger der Eindruck manifestierte, der Staat müsse das gesamte gesellschaftliche Leben regeln. Ein unüberschaubares Meer von Paragraphen und Bestimmungen hatte zur Folge, dass dem einzelnen Bürger die letzte ihm verbleibende Freiheit und Selbstbestimmung genommen wurde. Deutschland ist vollkommen überreguliert. Man hat sich daran gewöhnt, dass man in Deutschland nicht zunächst auf sich selbst angewiesen ist, sondern dass der Staat in Zeiten der Not eingreifen wird. Die Wiedervereinigung und die damit verbundenen Kosten, die auf die Bundesrepublik zukamen taten ihr Übriges.

Erschwerend kam in den letzten Jahren hinzu, dass durch die Öffnung der Märkte, also durch den Effekt der Globalisierung, viele Firmen und Unternehmen ihre Produktion ins Ausland verlagert haben. Es lässt sich dort schlichtweg günstiger produzieren und der bürokratische Aufwand ist wesentlich geringer. Eine Entlassungswelle innerhalb des Standorts Deutschlands von Arbeitern und Angestellten war die Folge. Eine Überalterung der Gesellschaft führte dazu, dass das Gesundheitssystem und die Rentenversicherung an seine Grenzen stießen und kollabierten. Der Fortschritt in der Medizin und die damit einhergehende stetig steigende Lebenserwartung der Bevölkerung als auch die immer geringere Geburtenrate sind die wesentlichen Ursachen für diesen drastischen Überalterungsprozess, der ein Problem aller Länder Westeuropas darstellt.

Um das Land aus dieser schweren Krise, in der es steckt, wieder herauszuführen sind schwere Einschnitte und gravierende Reformen auf vielen politischen Feldern notwendig. Mit den halbherzigen Reförmchen, wie sie im Kompromiss zwischen Rotgrün und CDU/FDP gefunden wurden, wird es keine signifikante Besserung geben. Es bedarf mutiger Schritte in die richtige Richtung. Alle Lösungsansätze werden jedoch im Vermittlungsausschuss von CDU und SPD zerredet, bevor sie überhaupt im Bundestag zur Abstimmung stehen.

Es ist dringend notwendig, sich von allen Lobbyverbänden und Interessengruppen loszureißen und eine Politik mit Weitsicht und Blick in die Zukunft zu betreiben. Da sich eine Besserung aller Voraussicht nach jedoch erst nach einigen Jahren einstellen wird, fürchten die regierenden Parteien, sich mit schmerzhaften Reformen um ihre Wiederwahl zu bringen. Eine solche Sorge führt in allen politischen Lagern Deutschlands dazu, dass man sich aus dem Schneckenhaus nicht heraustraut, lediglich mal den Kopf herausstreckt und prüft, wie die Stimmung ist. Ziehen wir alle an einem Strang und packen wir die notwendigen Reformen an, die für Deutschland wichtig und unverzichtbar sind. Nur gemeinsam, also Partei übergreifend und frei von ideologischen Zwängen kann es gelingen, dass Steuer herum zu reißen und so die politische Talfahrt zu verhindern. Packen wir es an.

Die Überregulierung des Arbeitsmarktes

Die hohe Arbeitslosigkeit in Deutschland hat natürlich ihre Ursachen. Gerne verweisen die Politiker der regierenden Parteien auf die angeblich „schwächelnde" Weltwirtschaft, um eine Ursache für das Debakel zu finden. Man will sich beim besten Willen nicht eingestehen, dass die Probleme zu 90 Prozent hausgemacht sind. Zwar stimmt es, dass die gesamte weltwirtschaftliche Lage Einfluss auf die deutsche Wirtschaft hat. Doch ist dies keine Erklärung für eine stetig wachsende Zahl von Arbeitslosen, die sich erschreckend der 5 Millionen - Marke nähert. Die deutschen Unternehmen können sich den Luxus vieler Mitarbeiter nicht länger leisten. Die ersten Maßnahmen, zu denen Unternehmensberater vielen deutschen Firmen raten, sind die Einsparung von Produktions- und damit von Personalkosten. Diesem Rat folgend kommt es zu den flächendeckenden Entlassungen, die eine enorme persönliche Härte für jeden Betroffenen darstellen.

Wie kann man solchen Maßnahmen entgegenwirken? Welche Anreize kann man Unternehmen geben, auch in schlechten Zeiten Mitarbeiter einzustellen, statt zu entlassen? Tariflöhne und Kündigungsschutzbestimmungen sind wesentliche Faktoren, die jede Neueinstellung in Zeiten wirtschaftlicher Krisen verhindern oder wesentlich erschweren. Arbeitnehmerschutzbestimmungen sind wichtig und schützen die Betroffenen vor wirtschaftlicher Ausbeutung. Diese Errungenschaften müssen selbstverständlich erhalten bleiben. Es gilt jedoch zu überdenken, ob wir nicht im Interesse der Arbeitnehmer bestimmte, die Einstellung erschwerende Gesetze und Vorschriften lockern bzw. modifizieren. Nach wie vor schalten die Gewerkschaften jedoch auf stur und zeigen keine Kooperationsbereitschaft mit den Reformern in den politischen Parteien. Mit dem ehrenhaften Anliegen, die Interessen der Arbeiter und Angestellten nach außen zu vertreten, sind sie es gerade, die fleißig daran arbeiten, eine Genesung des deutschen Arbeitsmarktes zu verhindern.

Warum erkennen die Gewerkschaftsfunktionäre nicht, was die Arbeitnehmerschaft längst verstanden und auch akzeptiert. Ohne Einschnitte und Lockerungen im Arbeitsrecht wird es keine Neueinstellungen und damit keine Trendwende auf dem Arbeitsmarkt geben. Was viele nicht zu verstehen scheinen: die Arbeitsschutzrechte der jetzt Beschäftigten brauchen überhaupt nicht angetastet zu werden. Es geht vielmehr um eine Lockerung der Rechtslage, die ausschließlich den Jobsuchenden helfen soll. Modifiziert man das Kündigungsschutzrecht und gibt dem Arbeitgeber so etwas mehr Spielraum für eigene Entscheidungen, wird er auch bereitwilliger Mitarbeiter einstellen.

Lassen wir uns also nicht länger von den Gewerkschaftsfunktionären bevormunden, die das wirkliche Interesse ihrer Klientel längst aus den Augen verloren haben. Gewähren wir den Arbeitsuchenden, unter gelockerten Kündigungsschutzbedingungen eine Stelle anzunehmen und nicht weiter in der Arbeitslosigkeit zu verharren. Geben wir den Betrieben die Chance, von Flächentarifverträgen abzuweichen und ermöglichen wir es, dass Arbeitgeber und Arbeitnehmer den Arbeitsvertrag selbst aushandeln können, ohne Interventionen der Gewerkschaften oder anderer Interessenverbände. Verhindern wir, dass Deutschland in einem fortwährend zunehmenden Dickicht von Arbeitsregelungen und Bestimmungen versinkt. Denken wir wieder an die 5 Millionen Arbeitslosen, die verzweifelt eine Arbeit suchen, aber keine finden. Erkennen wir, dass die Gewerkschaften mit ihrer Sturkopf-Politik genau diesen Menschen die Möglichkeit zur Annahme einer Arbeit nehmen. Wer dies als sozialen Kahlschlag auf dem Arbeitsmarkt bezeichnet, der beweist nur, dass er immer noch nicht verstanden hat, worum es geht.

In Deutschland ist es noch immer so, dass man bei Überschreitung einer bestimmten Altersgrenze nur noch schwer eine Arbeit findet. Woran liegt das? Schaut man zu den amerikanischen Nachbarn, muss man anerkennen, dass dort gerade auch sehr viele ältere Arbeitnehmer gerade in Betrieben und im Dienstleistungsbereich zu finden sind. Die Ursache dafür, dass viele mit 50 Jahren den Mut verlieren und nicht mehr an eine berufliche Chance glauben, hängt damit zusammen, dass schlichtweg ältere Menschen zu teuer geworden sind. Der Arbeitgeber muss eben wesentlich mehr für einen 50-Jährigen als für einen 25-Jährigen Angestellten zahlen und dies bei gleicher Leistung. Ist das gerecht? Womit wird in Deutschland noch immer gerechtfertigt, dass ein älterer Mensch mehr für gleiche Arbeit erhält, als ein junger Mensch? In Amerika wird vernünftigerweise nach dem Leistungsprinzip entlohnt. Derjenige der mehr leistet, als der andere, der erhält auch eine höhere Vergütung für seine Arbeit. Das Alter spielt dabei so gut wie keine Rolle. Dies führt dazu, dass sich alle Altersgruppen in den Betrieben und Unternehmen wieder finden. Zustände wie in Deutschland kennen die Amerikaner nicht. Würde in Deutschland auch verstärkt nach dem Leistungsprinzip und nicht nach dem Prinzip des progressiv steigenden Verdienstes mit zunehmendem Alter bezahlt, wäre es auch ein

Leichtes für viele ältere Menschen, auch in ihrem Alter noch eine Arbeit zu finden. Stattdessen gängelt und bevormundet man und schreit bei Vorschlägen wie diesen auf. Als unsozial und rücksichtslos werden sie bezeichnet.

Doch was ist wirklich ungerecht und unsozial?

Erkennen wir endlich, dass es viel unsozialer ist, wenn wir einem älteren Menschen den Wiedereintritt in das Berufsleben erschweren bzw. unmöglich machen. Kostet den Arbeitgeber der ältere Arbeitnehmer wieder genauso viel wie der junge, wird er im Zweifel jenen sogar aufgrund seiner größeren Erfahrung bevorzugen! Stellen wir also die Weichen neu und nehmen wir die Leistung der einzelnen Person als Kriterium für die Höhe der Entlohnung.

PISA - Was darf Bildung kosten?

Die Ergebnisse der PISA - Studie trafen die Deutschen tief ins Mark. Ihr Selbstwertgefühl schien für einen Moment ins Wanken gekommen zu sein. Sollten die deutschen Schüler tatsächlich nur noch Mittelmaß im internationalen Vergleich darstellen und sie in den Naturwissenschaften hinterste Plätze belegen? Die Realität, die PISA ans Tageslicht brachte, schien hart und unverständlich. Jahrzehntelang hatte man darauf gebaut, dass Deutschland das Land der Dichter und Denker gewesen war. Es würde, so die fälschliche Annahme, auch weiterhin

Spitzenkräfte produzieren. Dies war ein fataler Irrglaube. Lediglich die Bayern konnten das Bildungsdesaster etwas abfedern. Ihre Schüler schnitten vergleichsweise besser ab, als die aus anderen Bundesländern.

Welches sind die Hauptursachen für die Misere? In Deutschland sind in den vergangenen Jahren die staatlichen Zuschüsse in die Bildung kontinuierlich bei steigenden Ausgaben insgesamt zurückgegangen. Die defizitären Haushalte der Länder und des Bundes führten dazu, dass man die reduzieren musste. Irrtümlicherweise schien die Bildung eines der ersten Felder zu sein, auf denen man die Kosten senken konnte. Gerade in die Bildung muss aber auch in Zeiten knapper Kassen weiter investiert werden. Sie ist es, die die Zukunftschancen unserer Jugend verbessern oder verschlechtern kann. Die PISA - Studie hat in beispiellosem Maße gezeigt, dass es an der Zeit ist, sich wieder verstärkt der Bildungspolitik und einer Reformierung des gesamten Bildungssektors zu widmen. Ein „Gleichmacherwahn" der Linken hat mit der Bildung der Gesamtschulen in NRW dazu geführt, dass der Bildungsstandard gerade in diesem Land weiter sank. In der Fehlvorstellung, eine besonders heterogene Klassengemeinschaft würde gerade die Leistung der Schwachen fördern, ließ sich die SPD von diesem Konzept nicht abringen. So ignorierte man die Warnungen bildungspolitischer Sprecher anderer politischer Couleur. Das Resultat war offensichtlich. Das Niveau gerade an den Gesamtschulen ist unter anderem aufgrund des heterogenen Klassenbildes weiter abgesackt, da sich nicht die schlechten Schüler an den guten orientieren, sondern die erst genannten den Maßstab des Klassenniveaus bestimmen. Traumnoten für mäßig gute Schüler sind der Regelfall geworden. Die Quittung für die Überbewertung ihrer Leistungen aufgrund des niedrigen Wissensniveaus gibt es dann meist erst zu Beginn des Studiums oder der Ausbildung. In dem Irrglauben, sie würden auch ihr Studium im Handumdrehen absolvieren, bleiben die erhofften Leistungen meist aus. Ein hoher Frustrationsgrad und ein eventueller rascher Studienabbruch der Betroffenen ist meist die Folge.

Führen wir also allgemeingültige, unabhängige Prüfungen wie das zentrale Abitur in Bayern ein. So wird jeder gleich behandelt, egal welche Schule er besucht. Die Gesamtschulen müssen sich endlich im direkten Vergleich den Leistungen der Gymnasiasten stellen. Dann spielt es keine Rolle mehr, ob der Schüler auf Schule A oder B geht. Abgerechnet wird bei der zentralen Abschlussprüfung!

Nach dem Abitur erwartet die meisten Absolventen, die sich für ein Hochschulstudium entschieden haben, der mühselige Weg zur Hochburg der Bürokratie und Fremdbestimmung: der ZVS oder Zentralstelle für die Vergabe von Studienplätzen, die ihren Sitz in Dortmund hat. Jedes Jahr müssen sich dort tausende von Abiturienten für ihr gewähltes Studienfach bewerben, in der Hoffnung, irgendwo in Deutschland einen Studienplatz für dieses Fach zu bekommen. Oft entstehen nervtötende Wartezeiten von mehreren Semestern, die die jungen Menschen dazu zwingen, auf einen Studienplatz in ihrem Wunschfach zu warten. Wird ein Platz frei, werden sie der zugeteilten Hochschule gewollt oder ungewollt zugeteilt. Meistens wollen sich weder die Studienanfänger an der ausgewählten Universität immatrikulieren, noch haben die Dozenten vor Ort ein großes Interesse an den Neuankömmlingen. Schon nach kurzer Zeit stellen viele Erstsemesterstudenten fest, dass der Uni-Alltag anders abläuft, als gehofft. Viele Dozenten wirken lustlos, desinteressiert und unmotiviert. Sie spulen ihre Lehrpläne herunter ohne auf die Belange der Studenten einzugehen. Der einzelne Student wird in seiner Bedeutung auf eine einzige Matrikelnummer reduziert. Die Individualität bleibt auf der Strecke. Doch Motivation kann nur durch mehr Konkurrenz und direkten Vergleich im Hochschulwesen gedeihen.

Schaffen wir endlich die ZVS ab! Lösen wir uns von den Fesseln der Bürokratie und geben wir den Abiturienten die Möglichkeit, sich selbst bei den verschiedenen staatlichen Hochschulen Deutschlands zu bewerben! Auf diese Weise spart der Einzelne viel Zeit und Geduld und er hat die Chance, sich bei weiteren Universitäten zu bewerben, wenn die erste ihn nicht annimmt. Natürlich muss auch die Universität die Möglichkeit haben, sich im Umkehrschluss die Studenten auszusuchen. Mögen die Universitäten autark entscheiden, welche Studenten sie nehmen und welchen die Einschreibung verweigert wird. Dies darf nicht willkürlich geschehen, sondern

sollte wie an den Hochschulen in den USA oder
Großbritannien anhand der Leistungen in Auf-
nahmeprüfungen und Vorstellungsgespräche geschehen. Somit bekommt jeder Aspirant eine faire Be-
werbungschance und kann sich gezielt auf diese
Prüfungen vorbereiten. Es würde so ein wahrer
Konkurrenzkampf um die besten Studenten zwischen
den einzelnen Hochschulen entstehen. Um diese auch
anzuwerben, müssten die Universitäten wiederum
durch besonders verlockende Lehrpläne, individuelle
Betreuung und gute Ausbildungsmöglichkeiten eine
hohe Attraktivität für die Studenten darstellen. Durch
diesen Wettbewerb profitiert jeder: durch den
Leistungsdruck der einzelnen Hochschulen werden
diese ihre Standards und Lehrpläne zu verbessern
suchen; die Studenten werden im Gegenzug alles
daran setzen, an die besten und attraktivsten Universitäten innerhalb Deutschlands zu gehen. Es ist
Zeit für Wettbewerb auch im Hochschulwesen!
Gerade in den letzten Jahren wurde das Thema der
Einführung von Studiengebühren immer wieder auf
die Tagesordnung von politischen Sitzungen gesetzt.
Viel hat man schon diskutiert. Verschiedene Modelle
zur Finanzierung der Hochschulen sind vorgelegt
worden. Eine generalkompatible Lösung hat man leider noch nicht gefunden. Verschiedene Studien
belegen, dass schon eine relativ geringe Gebühr von
ca. 500 Euro pro Semester den Universitäten großen
Spielraum im Finanzetat für Lehre und Forschung
geben. Studiengebühren können aber nur dann sinnvoll sein, wenn die Gelder der Studenten direkt in

den Hochschuletat der jeweiligen Hochschule fließen und nicht im Landeshaushalt des jeweiligen Bundeslandes versacken. Als abschreckendes Beispiel kann Österreich genannt werden. Über Nacht entschied man sich für Studiengebühren in Höhe von über 700 Euro pro Semester. Die Gelder kommen jedoch nicht wie ursprünglich von den Studenten erhofft, den Universitäten zu Gute, sondern dienen ausschließlich zum Stopfen von Haushaltslöchern und damit der Aufbesserung maroder Haushalte. Dies darf in Deutschland unter keinen Umständen passieren. Die Toleranz der Studenten gegenüber Studiengebühren ist ohnehin minimal. Von allen politischen Hochschulgruppen, die an den deutschen Universitäten und Fachhochschulen vertreten sind, sprechen sich lediglich Teile des Rings Christlich Demokratischer Studenten (RCDS) und der liberalen Hochschulgruppen (LHG) für Studiengebühren aus. Ihnen schwebt ein Modell der nachgelagerten Studiengebühren vor, also Gebühren, die erst nach Beendigung des Studiums zurückgezahlt werden müssen. Dabei soll besonders auf die Sozialverträglichkeit geachtet werden. Alle anderen Gruppen lehnen Studiengebühren kategorisch mit dem Argument ab, sie würden zu einem sozialen Numerus Clausus an den Hochschulen führen und damit mittelfristig sozial schwächer gestellte Studenten von der Aufnahme eines Studiums abhalten.

Die abschreckende Wirkung von Hochschulgebühren ist durchaus beachtlich. In einer Zeit, in der wir gerade in Deutschland mehr Akademiker als je zuvor brauchen, um im internationalen Vergleich standhalten zu können mit anderen Ländern, müssen Studiengebühren wohl überlegt sein. Noch hat man zu Recht den Eindruck, dass es bei der Debatte und der Forderung nach solchen Gebühren nicht um eine Verbesserung der Lehre und der Betreuung der Studenten an den Unis, sondern lediglich um die Instrumentalisierung einer neuen Finanzquelle für die Finanzminister geht. Studentenproteste sind damit verständlich und die logische Folge.

Wenn man sich als Land für Studiengebühren entscheidet, dann muss den Schulen zugleich zugebilligt werden, dass landesgesetzlich festgelegt wird, dass diese Gelder auch tatsächlich unmittelbar den Hochschulen zu Gute kommen! Auch müssen weiterhin verbindliche Richtlinien geschaffen werden, die die Ausgaben der Landesregierung für den Bildungsetat festlegen, so dass diese nicht mit Einführung der Gebühren einfach ihre Zuschüsse streichen, und die Universitäten damit genauso wenig finanzielle Bezuschussung und Mittel zur Verfügung haben wie vor Einführung der Studienabgaben.

Eliteuniversitäten wie sie die SPD kürzlich forderte, entstehen nicht dadurch, dass man auf einmal Studiengebühren erhebt, um dem Studium einen elitären Anstrich zu geben. Dies führt nur dazu, dass die Studentenzahlen drastisch zurückgehen werden und wir in Deutschland in Kürze vor einem Akademikermangel stehen, der jetzt schon in einigen Fachgebieten durchaus problematisch ist! Bei aller Kritik am deutschen Bildungssystem sei fairer Weise jedoch noch etwas hinzugefügt. Zwar können die deutschen Universitäten nicht mit den Spitzenuniversitäten in den USA wie Yale, Princeton oder Eaton mithalten. Doch machen diese „Ivy-League"-Schulen in den USA auch nur knapp 5% der gesamten Unis aus. Über 90% der Studenten besuchen aber die normalen Universitäten, die von ihren Anforderungen und ihrem Niveau weit hinter den klassischen staatlichen Hochschulen in Deutschland liegen.

Überalterung der Gesellschaft

Deutschland sieht sich noch vor ein ganz anderes gravierendes Problem gestellt. Deutschland überaltert. Dies hat unmittelbar Auswirkungen auf viele Politikfelder und die gesamte Solidargemeinschaft gerät dadurch ins Wanken. Ein Phänomen, das beispielhaft geworden ist für alle westlichen Industrienationen. Die Überalterung geht einher mit einem gleichzeitigen Rückgang der Geburtenraten. Zunächst könnte man sich natürlich fragen, was denn an dieser Tatsache so nachteilig sein soll. So kann doch ein sinkender Bevölkerungsdruck in unserem ohnehin schon stark bevölkerten Land mit 80 Millionen Einwohnern nur von Vorteil sein. Dies ist jedoch zu kurz gedacht. Das Problem sind die Auswirkungen, die dieses Phänomen auf die Renten - und Gesundheitssysteme Deutschlands hat. Überspitzt gesagt bedeutet dies, dass immer weniger junge Leute die Kosten der Alten für Rente, Gesundheit und Pflege finanzieren müssen. Da Prognosen sogar für die nächsten Jahre voraussagen, dass sich der Zustand noch verschlimmern wird und es einen deutlichen Bevölkerungsrückgang in Deutschland geben wird, kann man das Problem nicht länger vernachlässigen, sondern muss es auf die politische Tagesordnung setzen. Die junge Generation von heute, deren Rentenfinanzierung von morgen mehr als ungewiss ist, muss verstärkt berücksichtigt werden. Natürlich darf bei dieser Diskussion nicht die alte gegen die junge Generation ausgespielt werden. Beide Seiten müssen ein Interesse daran haben, dass die Politik diejenigen Reformen im Renten - und Gesundheitswesen durchführt, die für beide Seiten zu einem fairen Interessensausgleich führen. Um zu vermeiden, dass die Beiträge für Kranken - und Rentenversicherung ins Unermessliche steigen, muss der Anteil der privaten Vorsorge an Bedeutung gewinnen. Damit das Rentensystem nicht kollabiert, wird es in Zukunft nötig sein, neben der gesetzlichen Rente, die nur noch eine Art Grundrente für alle sein kann, eine private Rentenvorsorge zu treffen. Eine Einheitsrente für alle kann hier die Lösung darstellen. Jedem steht mit Eintritt in das Rentenalter eine bestimmte Grundrente zu, die voraussichtlich deutlich unter dem jetzigen Rentenniveau liegen wird. Darüber hinaus muss dann jeder für sich selbst sorgen, private Rentenversicherungen oder Lebensversicherungen abschließen. Dies erfordert mehr Eigenverantwortung als bisher. Aber es ist der einzige Ausweg aus der Rentenmisere. Die junge Generation kann nicht übermäßig stark belastet werden! Setzen wir also auf mehr Selbstbestimmung und Eigenverantwortung!

Auch dem Gesundheitssystem laufen die Kosten davon. Man scheint bisher keinen Ausweg zu finden. Deutschland ist längst ein Opfer der „Zwei - Klassen – Medizin" geworden. Immer mehr Menschen treibt es in die private Zusatzversicherung, weil sie merken, dass sie im medizinischen Alltag das „letzte Rad am Wagen" werden. Genau dies ist auch der Ansatz, wie die Beitragskosten für jeden Einzelnen Versicherten reduziert werden können. Klammern wir bestimmte Leistungen, die nicht elementar wichtig für die medizinische Grundversorgung sind, aus dem Leistungskatalog der Versicherungen aus. Geben wir den Patienten die Möglichkeit, den Leistungskatalog der Krankenkassen ganz nach ihren Wünschen zu gestalten. Jeder soll selbst entscheiden können, ob er sich für Zahnersatz zusätzlich versichern will oder nicht. Somit können die Kosten für jeden Patienten flächendeckend gesenkt werden und es wird ihm selbst überlassen, ob er diesen Grundkatalog an Leistungen ergänzen möchte oder nicht; ganz nach seinen Risiken und seinen persönlichen Neigungen! Auch im Gesundheitswesen sollten wir den Menschen also mehr Selbstbestimmung geben und der Bevormundung durch Krankenkassen und den ausufernden Beitragssätzen, die teilweise schon die Höhe derjenigen der Privatversicherten erreicht haben, ein Ende setzen!

Braucht Deutschland Zuwanderung?

Sehr unterschiedlich sind die Positionen der einzelnen Parteien zur Frage, ob und wie viel Zuwanderung wir brauchen. Generell gesagt, befürworten die Abgeordneten von Rotgrün mehrheitlich eine klare Zuwanderung, während sich die CDU/CSU, die FDP und die Schill-Partei zumindest für eine deutlich begrenzte und gesteuerte Zuwanderung aussprechen. Immer wieder hört man das Argument der politischen Linken, eine unbeschränkte Zuwanderung und damit eine Migrations - Bewegung nach Deutschland wäre notwendig, um den drohenden Bevölkerungsrückgang und die Probleme, die sich daraus ergeben, abzufedern und zu kompensieren. Begrenze man die Zuwanderung, so die mehrheitliche Vorstellung der SPD-Funktionäre und der Grünen, seien die Kosten für die junge Generation nicht mehr tragbar. Schon jetzt ist Deutschland jedoch das Land in der EU mit der größten Zuwanderungsquote überhaupt. Jahr für Jahr strömen hunderttausende von Zuwanderern, die meist einen geringen Ausbildungsstand haben, nach Deutschland. Leider trägt ein Großteil dieser Leute nicht zur wirtschaftlichen Belebung der Bundesrepublik bei, sondern belastet lediglich die Steuerzahler. Richtig ist, dass man angesichts der dramatischen Bevölkerungsentwicklung und der schleichenden Überalterung der Gesellschaft Auswege finden muss, dieser Entwicklung entgegenzuwirken. Wie jedoch ist das Problem richtig in den Griff zu bekommen? Inwieweit kann Zuwanderung hier helfen?

Fragen, die zwar schon oft gestellt wurden, aber leider nur selten klar und verständlich beantwortet werden. Zwar kann Zuwanderung tatsächlich dazu beitragen, die verheerenden Auswirkungen des demographischen Wandels zu verringern. Dies ist jedoch an die Voraussetzung geknüpft, dass diese Immigranten dann auch tatsächlich in Deutschland eine Arbeit aufnehmen und so zum wirtschaftlichen Aufschwung und damit zum Bruttosozialprodukt direkt beitragen. Sieht man sich jedoch die Realität an, dann muss man nüchtern konstatieren, dass ein Großteil der jährlich zu uns kommenden Einwanderer überwiegend über eine schlechte Ausbildung und damit über geringe Jobchancen verfügt. Ein Großteil dieser Leute wird selbst arbeitslos und belastet so zusätzlich das Sozialsystem Deutschlands. Hier muss endlich kontrollierend eingegriffen werden. Erkennen wir endlich an, dass wir Zuwanderung brauchen und lösen wir uns von dem Irrglauben, Deutschland könne sich selbst am Leben erhalten. Akzeptieren wir die Globalisierung und die Tatsache, dass dieses Phänomen auch vor Deutschland nicht halt macht. Das bedeutet selbstverständlich auch, dass wir nicht zu sehr „deutschtümeln" sollten, sondern unsere patriotischen Gefühle auf Europa als Ganzes transferieren. Machen wir es so, wie es klassische Einwanderungsländer seit langem tun: nehmen wir die Besten, die wir kriegen können. Dann stellt der Immigrant auch wirklich eine Bereicherung für

Deutschland dar. Schauen wir auf die Amerikaner, Australier und die Kanadier, die mit hohen Einwanderungsvoraussetzungen die Besten und Tüchtigsten ins Land holen. Machen wir es ihnen nach und setzen wir Anreize für die ausländische Elite nach Deutschland zukommen. So profitieren beide Seiten voneinander.

Mehr direkte Demokratie wagen

Viele Bürgerinnen und Bürger in Deutschland sind frustriert über die Politik, die in Berlin oder in ihren Landeshauptstädten gemacht wird. Sie sind sich sicher, dass sie keinerlei Einfluss darauf haben, was dort beschlossen wird. Zu Recht haben diese Menschen den Eindruck, dass Entscheidungen über ihre Köpfe hinweg gefällt werden.

Die repräsentative Demokratie in Deutschland führt zu „Ohnmachts"-Gefühlen in der Bevölkerung. Sie fühlt sich bei den meisten politischen Entscheidungsprozessen auf Landes - und Bundesebene völlig hilflos. Das beste Beispiel einer politischen Entscheidung ohne Volksbefragung war vor wenigen Jahren diejenige über die Einführung des Euro als einheitlicher Währung für Europa. Die Deutschen sind damals trotz einiger offener Widerstände, man denke nur an die eigens für dieses Thema gegründete Pro - DM - Partei von Bolko Hoffmann, übergangen worden und in diesen elementar wichtigen Entscheidungsprozess nicht mit einbezogen worden. Dies führt nun dazu, dass der Euro immer noch unter Akzeptanzschwierigkeiten innerhalb der Bevölkerung leidet. Dies wäre sicherlich bei vorheriger Abstimmung zu diesem Sachthema nicht der Fall gewesen. Ein aktuelles Beispiel ist die Frage, ob man das Volk in Form eines Plebiszites an der Entscheidung über einen Türkei - Beitritt in die EU beteiligen soll oder nicht. Während sich hier die CSU, insbesondere ihr Vorsitzender Edmund Stoiber für eine solche Abstimmung stark macht, lehnen es die anderen Parteien als auch weite Teile der Schwesterpartei CDU ab. Welches sind die Gründe für die Ablehnung solcher Abstimmungselemente in der deutschen Politik? Die Gegner führen an, dass der normale Bürger nicht den nötigen Sachverstand hätte, um rational über solche Themen entscheiden zu können. Vielmehr würde er sich emotional leiten lassen und sei somit schnell ein Opfer von demagogischen Beeinflussungen der einen oder anderen Seite. Mit diesem Argument wird dem Bürger die faktische Mündigkeit abgesprochen, er wird von den etablierten Politikern bevormundet. Hier gilt es schnellstmöglich zu handeln. Machen wir uns endlich stark für die Einführung plebiszitärer Elemente auf Landes - und Bundesebene und nehmen wir von dem Irrglauben Abschied, die Bevölkerung würde nicht wissen können, was sie tue. Unterschätzen wir nicht länger die Bürgerinnen und Bürger, sondern lassen sie aktiv an politischen Entscheidungen teilnehmen. Dies wird mit Sicherheit auch der permanent wachsenden Politikverdrossenheit entgegenwirken. Fragen wie die der Einführung des Euros oder des Beitritts der Türkei in die EU dürfen nicht länger ohne den Willen des Volkes entschieden werden!

Ein anderes Beispiel ist die Ernennung von Politikern in hohe Ämter, wie die Wahl des Bundeskanzlers. Auch hier entscheidet der Wähler nicht über die Person, sondern lediglich über die Partei, die dann den Kanzler nominiert. Mit welcher Begründung lässt man den Wähler zwar über die Mehrheitsverhältnisse der Parteien in den verschiedenen Parlamenten abstimmen, nimmt ihm aber zugleich das Recht, auch über das wichtigste politische Amt wie das des Bundeskanzlers mit zu entscheiden. Anstatt dem Bürger die Entscheidung zu lassen, wer in den Parteien als Spitzenkandidat und damit auch als Kanzlerkandidat antritt, wird durch Kungelei und Intrigen innerhalb der Partei entschieden, wer dieses Amt oder diese Funktion ausüben soll oder besser darf. Es ist offensichtlich, dass hier oft nicht die Kompetenz des einzelnen Kandidaten entscheidend ist, sondern die besten Seilschaften innerhalb der Partei ausschlaggebend für die Nominierung sind.

Schaut man auf die USA, sieht man, wie basisdemokratisch dort die Präsidentschaftskandidaten gewählt werden. Nicht die Partei, also dort die Demokraten oder die Republikaner entscheiden, wer der Kandidat sein soll. Vielmehr entscheidet das Volk selbst in Vorwahlen aus einer Reihe von Bewerbern, welcher zum großen Duell der beiden Spitzenkandidaten der großen Parteien erkoren werden soll. Jeder kann antreten, niemandem wird das Recht zur Kandidatur genommen.

Nehmen wir uns ein Beispiel an den USA, wie basisdemokratisch politische Wahlen durchgeführt werden können und setzen der oft betriebenen Kungelei vieler etablierter Parteien zur Bestimmung ihrer Frontfrau oder ihres Frontmannes ein Ende. Führen wir Vorwahlen nach amerikanischem Vorbild ein und lassen die Bürgerinnen und Bürger selbst entscheiden, welche Kandidaten für das Bundeskanzleramt gegeneinander antreten sollen! Die Bevölkerung hat ein Recht darauf, neben der Zusammensetzung im Parlament auch darüber mit zu entscheiden, wer sie nach außen und in der Öffentlichkeit als Staatsoberhaupt repräsentiert und vertritt. Geben wir den Bürgerinnen und Bürgern ihre Stimme zurück und fangen endlich auch in Deutschland mit Basisdemokratie an!

Die Rolle der Familie im postmodernen Deutschland

Das Familienbild Deutschlands hat durch die Politik der „Alt - 68er" über die Jahre gewandelt. Die vermeintliche Linke versucht seit Jahren, dass klassische Familienbild von Mann und Frau in Ehe lebend als spießig und rückwärts gewand erscheinen zu lassen. Als man Ende der sechziger Jahre im Zeitalter von

Vietnam - Krieg, Studentenrevolution und Auflebung der politischen Linken mit allen herkömmlichen Traditionen brach, war das Ende des klassischen Familienbildes eingeläutet. Auf diese Art hat sich ein gänzlich neues Verständnis von Familie in den Köpfen weiter Teile der Bevölkerung breit gemacht. Unlängst sprach ein bekannter SPD - Funktionär davon, dass "Familie überall da sei, wo es Kinder gebe". Eine Aussage, die symptomatisch ist für das neue Lebensgefühl, dass viele Menschen innerhalb Deutschlands, gerade aber in den urbanen Gebieten großer Städte und Vorstädte ergriffen hat. Das Vater-Mutter-Kind-Modell scheint unzeitgemäß und nicht modern. Dies wird insbesondere auch dadurch verstärkt, dass viele der Politiker modernen Zeitgeistes ein Leben ohne klassisches Familienbild vorleben. Geschieden oder in fünfter bzw. sechster Ehe lebend dienen sie der Bevölkerung nicht gerade als Vorbild für Beständigkeit und Treue. Das ihre Politik dann ähnlich unstet ist, liegt auf der Hand. Was hat dieses moderne Verständnis von Ehe und Familie jedoch für Auswirkungen?
Zunächst ist es natürlich jedermann selbst überlassen, welche Lebensform er persönlich für sich wählt. Ob als Single, Verheirateter oder auch als Partner einer homosexuellen Beziehung, jeder soll ein Recht darauf haben, das Leben zu wählen, das er bevorzugt. Dabei darf aber die ursprüngliche Bedeutung von Familie nicht außer Acht gelassen werden. Sie geht von einer Gemeinschaft zweier Eltern mit ihren Kindern aus, die jene pflegen und umsorgen. Studien ver-

schiedenster Art haben schon vor geraumer Zeit bestätigt, was viele Soziologen vorausgesagt hatten: die besten Entfaltungsmöglichkeiten für ein Kind bieten sich in einer intakten Eltern-Kind-Beziehung. Hier gedeiht der Nachwuchs am besten, hier entwickeln sich die Kinder meist schneller als ihre Altersgenossen. Das veränderte Verständnis von Familie hat noch eine andere Auswirkung: immer öfter werden Kinder als unnötiger Ballast, als Belastung gesehen.

Dies ist ein Grund dafür, warum sich immer mehr Paare gegen Kinder entscheiden. Dies sieht man deutlich an der seit Jahren konstant zurückgehenden Geburtenrate in Deutschland und anderen westlichen Industrienationen. Die sich daraus ergebende Problematik der Aufrechthaltung des Generationenvertrages und der Rentensysteme liegt auf der Hand.

In diesem Zusammenhang muss auch die Rolle der Frau in unserer Gesellschaft beleuchtet werden. Auch Frauen schlagen immer häufiger den Weg der Karriere ein und entscheiden sich aus zeitlichen Gründen gegen Kinder. Gerade bei sozial gut gestellten Paaren ist das Phänomen zu beobachten, dass sie kinderlos bleiben, weil beide Ehepartner ganz mit ihrem beruflichen Werdegang beschäftigt sind. Für Nachwuchs bleibt dann verständlicherweise keine Zeit. Es ist das gute Recht jedes Ehepartners, den erlernten Beruf auch tatsächlich auszuüben. Damit dies dennoch kein Grund sein muss, sich gegen Kinder zu entscheiden, müssen natürlich die Rahmenbedingungen dafür geschaffen werden. Fördern wir die Kinderbetreuung und optimalisieren wir sie, damit Familien sich in Zukunft nicht mehr aus Zeitgründen gegen Kinder aussprechen. Geben wir gerade den Frauen die Möglichkeit, Beruf und Familie durch gute Betreuungsangebote, die auch staatlicher Natur sein können, miteinander zu vereinbaren. Spielen wir nicht länger die Doppelverdiener-Ehe gegen die Einverdiener-Ehe aus, sondern schaffen wir optimale Bedingungen für beide Ehe-Formen. Deutschland braucht Kinder. Sie stellen nicht nur eine ungeheure familiäre Bereicherung dar, sondern tragen auch elementar dazu bei, dass wir uns unsere Sozialsysteme weiterhin in ähnlich hohem Umfang leisten können. Erkennen wir alle Partnerschaften als gleichwertig an und geben wir dennoch, den Paaren, die sich für Kinder entschieden haben, besondere Privilegien wie Steuererleichterungen und Kindergeld. Denn der Nachwuchs stellt die Zukunft unseres Landes dar. Erkennen wir das endlich!

Windkraft und ihr Missbrauch

Wie Pilze schießen sie vielerorts aus dem Boden. Insbesondere in den letzten fünf Jahren trieb man den Bau von Windkraftanlagen, wie sie im Fachjargon genannt werden, in vielen Bundesländern unter der rotgrünen Bundesregierung massiv voran. Dies wurde gerechtfertigt mit dem ehrenvollen Anliegen, die Umwelt zu schonen und die Windkraft als na-

türliche Energiequelle zu nutzen. Einige Landschafts-
striche in einigen Gebieten Nordrhein Westfalens erkennt man vor lauter Windräder den Horizont nicht
mehr. Längst ist die umweltpolitische Maßnahme außer Kontrolle geraten. Unzählige Bürgerinitiativen
und Proteste von betroffenen Anwohnern, die in der
Nähe solcher Anlagen wohnen, hat es seitdem gegeben. Sie stoßen oft auf keinerlei Gehör. Man beruft
sich lapidar auf den vorliegenden Flächennutzungsplan, auf dem einige Gebiete für Windräder aus-
gewiesen sind, und schon kann es weitergehen mit
dem Bau.

Selbstverständlich ist die Nutzung regenerativer
Energiequellen wie der Windkraft eine gute Möglichkeit, langfristig einen, wenn auch niedrigen Prozentsatz des Stroms auf eine so umweltschonende
Art zu produzieren. Länder wie Dänemark oder der
Bundesstaat Kalifornien haben solche Anlagen schon
seit vielen Jahren. Dort erweisen sie sich als überwiegend effizient und finden eine relativ große
Akzeptanz bei den Bürgerinnen und Bürgern. Wieso
ist dies in Deutschland nicht der Fall? Was läuft hier
anders? Natürlich könnte die Nutzung der Windkraft
auch in Deutschland ähnlich gut funktionieren. Es
gibt jedoch einige Unterschiede zu den Anlagen in
Dänemark und Kalifornien. Indem man gerade in
Nordrhein Westfalen, dem am stärksten besiedelten
Bundesland, Windräder willkürlich und vereinzelt in
die Landschaft setzt, wird man eine langfristige Zustimmung nur schwerlich erwarten können. Statistiken belegen nahezu täglich, dass diese Wind-

kraftanlagen den größten Teil der Zeit über still stehen. Es fehlt einfach der Wind. Ein weiterer Faktor ist, dass die Dänen und Kalifornier diese Windräder weit außerhalb von bewohntem Gebiet errichtet haben und sie somit niemandem zur Last fallen. Auch konzentriert man sich geschickter Weise auf den Bau ganzer Windparks, um sie möglichst lokal begrenzt an einem Ort zu haben. In Nordhrein - Westfalen jedoch planen viele Kommunen bereits den Bau an angrenzendes Wohngebiet, meist in den Naherholungsgebieten der großen Ballungszentren wie dem Ruhrgebiet. Hier gilt es einzugreifen und Schlimmeres zu verhindern. Beschränken wir den Bau solcher Anlagen auf Gebiete, die fern von großen urbanen Gegenden liegen und konzentrieren wir sie nach dem Vorbild der genannten Länder in Windparks, um eine große flächendeckende Beeinträchtigung des Landschaftsbildes zu vermeiden. Stellen wir sie dort auf, wo Messungen ergeben, dass sich die Nutzung aufgrund starker anhaltender Winde auch wirklich rentiert. Lassen wir den Stadtbewohnern ihren Grüngürtel am Rande der Stadt und verschandeln ihn nicht durch die Errichtung von Windrädern. Denn der Wille der Anwohner bricht jede juristische Spitzfindigkeit, die sich auf eine im Flächennutzungsplan begründete Legitimität beruft! Die Menschen machen die Gesetze und Vorschriften. Scheint ein alter Flächennutzungsplan aus heutiger Sicht überholt, dann darf man nicht aus juristischen Gründen an die Einhaltung dieses obsoleten Planes gebunden werden.

Der amerikanische Partner

Die Bundestagswahl 2002 und der darauf folgende Beginn des Irakkrieges haben in beeindruckender Weise gezeigt, wie gespalten ein Land wie unseres sein kann. Schröder gewann die Bundestagswahlen nicht ohne Grund im letzten Moment für sich. So wusste er doch die Stimme der Mehrheit des Volkes zum drohenden Irakkrieg der Amerikaner richtig zu seinen Gunsten zu instrumentalisieren. Ob dies nun moralisch oder auch politisch verwerflich war, sei dahin gestellt, geschickt war es allemal. Die Mehrheit der deutschen Bevölkerung hatte schon früh zum Ausdruck gebracht, dass sie der Bush - Politik der Amerikaner kritisch gegenübersteht und einen Angriffskrieg der Amerikaner gegen den Irak kategorisch ablehnt. Teile der CDU-Führung unterstützten den Kurs von George W. Bush und setzten sich so über eine breite Ablehnung des amerikanischen Vorgehens der Parteibasis hinweg. Die Quittung folgte bei der Bundestagswahl. Das Problem der bürgerlichen Parteien war es immer, dass sie den Garanten für eine gute freundschaftliche Beziehung mit den amerikanischen Bündnispartnern darzustellen suchten.

Dies führte zu der lähmenden Situation, dass sich jede gröbere Kritik an Amerika verbat. Schröder schlug die Bürgerlichen jedoch gerade mit dem ureigensten Gefühl der Konservativen: er demonstrierte deutsche Unabhängigkeit und sprach vom "deutschen Weg". Dies stellte einen politischen Schachzug dar, mit dem er gerade auch Wähler aus dem nationalkonservativen Milieu für sich gewinnen konnte. Doch wie kommt es, dass ein Großteil der Deutschen seit Jahren mit Befremden die amerikanische Außenpolitik beobachtet? So schien man doch unter der Ägide Clintons mit dessen Außen - und insbesondere Europapolitik zufrieden. Der Wandel kam mit George W. Bush. Mit seiner radikalen egozentrischen Art, Außenpolitik zu betreiben schuf sich dieser mehr Feinde in der Welt, als allen Beteiligten anfangs klar war. Der radikale außenpolitische Kurs, den Bush nach dem 11. September 2001 einschlug, verprellte schnell die letzten Sympathisanten der amerikanischen Politik. Eine anfänglich solidarische Haltung der Welt nach den Anschlägen in den Staaten verebbte schnell, als man merkte, mit welch offensiven Mitteln die Amerikaner ihre Sicherheitspolitik änderten und Einwände anderer Staaten zu bestimmten Operationen nebensächlich und unbedeutend wurden. Viele Deutsche, die seit den sechziger Jahren ihren unterschwelligen Antiamerikanismus gepflegt hatten, sahen sich nun bestätigt in ihrer Kritik an den Vereinigten Staaten. Das die Deutschen die Amerikaner als Partner und Verbündete brauchen, ist selbstverständlich. Doch Deutschland ist gereift und befindet sich gerade in einem Selbstfindungs-Prozess, bei dem es aus seiner Rolle als Bittsteller gegenüber Amerika herauswächst. Deutschland muss auch zu einem gesunden Selbstverständnis zurückfinden. Nach Beendigung des zweiten Weltkrieges 1945 versank Deutschland in einer Depression und Selbstverachtung, die dazu führte, dass ihm jegliches souveränes und selbstbewusstes Auftreten auf internationalem Parkett abhanden kam. Vielmehr diente es sich in den vergangenen Jahrzehnten anderen Nationen, insbesondere den USA an und fühlte sich zu ewiger Dankbarkeit diesen gegenüber verpflichtet. Natürlich haben uns die Amerikaner beim Wiederaufbau, bei der Demokratisierung und bei der Entnazifizierung Deutschlands entscheidend geholfen; ohne ihre Unterstützung wäre Deutschland heute nicht dort angekommen, wo es sich jetzt befindet. Doch darf Dankbarkeit und Partnerschaft den Amerikanern gegenüber nicht mit Unterwürfigkeit verwechselt werden!

Wenn Deutschland seine große Krise, in der es steckt, überwinden will, dann sind neben Pioniergeist auch Selbstbewusstsein und ein Dialog mit den ausländischen Verbündeten auf gleicher Augenhöhe erforderlich. Zunächst einmal sollten wir eine Außenpolitik verfolgen, die den Interessen und dem Wohl der Bürgerinnen und Bürger dient und nicht den Interessen anderer Nationen. Wenn wir dies nicht schaffen, wird Deutschland immer der nicht ernstzunehmende Spielball anderer Nationen, wie den USA oder Großbritannien bleiben. Zeigen wir, dass wir aus unserer grausamen Geschichte gelernt haben, aber wir dies nicht damit gleichsetzen, dass wir uns für immer den Interessen anderer beugen. Betreiben wir verantwortungsvolle Außenpolitik mit

Amerika als einem Freund, dem man bei Meinungsverschiedenheiten auch deutlich zu verstehen gibt, dass man eine andere Position bezieht. Räumen wir den Irrglauben endlich aus, dass wir uns dann bei den Amerikanern unbeliebt machen, wenn wir nicht immer nach ihrer Pfeife tanzen. Der amerikanische Regierungssprecher Fleischer aus Washington hat dies im vergangenen Jahr deutlich gemacht, als er zugab, beeindruckt zu sein, wie klar Deutschland seine Positionen an der Seite von Frankreich bezieht. Zeigen wir ihm und anderen, dass dies keine Eintagsfliege war!

Populismus oder volksnahe Politik?

Oft hört man, wie Politiker ihre Kollegen anderer Parteien als "Populisten" bezeichnen oder ihnen vorwerfen, eine "populistische" Politik zu betreiben. Es soll in ihren Augen verdeutlichen, mit welch schmutzigen Mitteln diese versuchen, in der Bevölkerung auf Stimmenfang zu gehen. Grundsätzlich verbindet man mit dem Wort etwas Anrüchiges, etwas Unseriöses. Wie kommt es, dass der Begriff so oft verwand wird und ihm so eine pejorative Bedeutung zukommt?
Übersetzt man den Begriff "Populist" erst einmal, dann ist damit jemand gemeint, der das sagt und denkt, was auch die Mehrheit des Volkes denkt. Zunächst fällt es schwer, anhand der Definition und der

Erklärung des Begriffes etwas Verwerfliches zu finden. Was ist so abstoßend daran, das zu fordern, was die Mehrheit der Bürgerinnen und Bürger möchte? Wahrscheinlich hängt es damit zusammen, das viele der Damen und Herren in Berlin der Ansicht sind, dass der "normale" Bürger nicht wisse, was gut für ihn sei. Er habe nicht den Gesamtüberblick über die jeweilige Thematik und könne sich deswegen kein rationelles Bild von der Sache machen. Auch hier wird also der Bürger diskreditiert und ihm sein politischer Sachverstand abgesprochen. Warum glauben Teile des Berliner Establishments, als Einzige den Sachverstand und das richtige Problembewusstsein zu haben? Tatsache ist, dass Menschen, die Wahrheiten aussprechen und bereit sind, Tabus zu brechen, grundsätzlich mit Argwohn beobachtet werden; Politiker mögen es nicht, wenn Kollegen es schaffen, die Mehrheit des Volkes für sich und ihre Ansichten zu vereinnahmen.

Zu sehr fürchten sie tatsächlich den Willen und letztlich auch die Macht der Bürger in unserem Land. Gehen wir endlich wieder mit dem Begriff so um, wie es die Definition anzeigt. Derjenige Politiker, der Tabus bricht und das ausspricht und umsetzen möchte, was die Mehrheit der Bevölkerung möchte, darf nicht länger als Volksverführer und Demagoge diskreditiert werden. Erkennen wir endlich, dass es nur richtig sein kann, wenn die Politiker tatsächlich das tun, was die Menschen wirklich wollen. Diffamieren wir diese Menschen also nicht länger und lassen uns von den selbsternannten Fachleuten aus

Berlin nicht länger sagen, was gut für uns ist oder nicht. Im Bundestag sollten keine abgehobenen, weltfremden Technokraten, sondern Menschen mit volksnahem Sachverstand sitzen, die tatsächlich wissen, was die Bürgerinnen und Bürger Deutschlands wollen. Nur so kann indirekte Demokratie wie bei uns überhaupt als eine bestimmte Art der Demokratie bezeichnet werden!

Deutschland und seine Gutmenschen und Moralapostel

Seit vielen Jahren geben die Gutmenschen Deutschlands politisch und moralisch den Ton an. Sie lassen keine Gelegenheit aus, ihre Opfer zu tadeln, zu denunzieren und zu diskreditieren. Die vergangene Zeit hat in eindrucksvoller Art gezeigt, wie gerade politische Personen durch diese Menschen diffamiert wurden und die Betroffenen zu gesellschaftlich Ausgestoßenen wurden. In keinem anderen Land wird so oft der Zeigefinger erhoben und an die finstere, deutsche Vergangenheit erinnert. Dies hat natürlich Ursachen: in keinem anderen Land ist ein Verbrechen ähnlich gewaltigen Ausmaßes verübt worden. Die Deutschen sind seit dieser Zeit paralysiert und haben immer noch Schwierigkeiten, ein gesundes Selbstwertgefühl zu erlangen. Längst ist die dritte Generation der Deutschen seit den Geschehen im zweiten Weltkrieg herangewachsen. Diese jungen

Menschen sehen sich nicht länger in einer ewig währenden Kollektivschuld und treten selbstbewusster und mutiger auf, als so mancher Angehöriger aus der älteren Generation. Es gibt jedoch auch heute nicht weniger Moralapostel und Gutmenschen in unseren Reihen, als unmittelbar nach dem Krieg. In dem Irrglauben, sie alleine wüssten, was wahre Gerechtigkeit ist und was moralisch verwerflich ist, terrorisieren sie einen Großteil der deutschen Bevölkerung. Die Medien spielen hierbei eine entscheidende Rolle. So gibt es kaum noch eine kritische Presse, die diesem Gesinnungsterror entgegentritt. Diejenigen Zeitungen, die sich gegen den vermeintlichen Zeitgeist auflehnen, sind längst gesellschaftlich geächtet und gelten in linken Kreisen bereits als "rechtsextrem". Die übrigen großen Zeitungen scheinen immer mehr auf der Welle dieser Moralapostel zu schwimmen. Erst im letzten Jahr hat das Beispiel eines aus der CDU verbannten Bundestagsabgeordneten gezeigt, wie wenig objektiv die Medien über den Fall berichteten. Eine solch konkordante Medienhaltung gibt den selbsternannten Gutmenschen natürlich Auftrieb und bestärkt sie in ihrem Tun. Lassen wir uns von diesen Figuren nicht länger tyrannisieren und nennen unsere Probleme beim Namen. Brechen wir die künstlich geschaffenen Tabus, die diese Gutmenschen hegen und pflegen und lassen uns von diesen nicht länger in die Knie zwingen. Deutschland braucht wieder mutige Menschen, die diesen Damen und Herren Paroli bieten! Dort wo Dinge kritikwürdig sind, müssen sie auch beim Namen genannt werden können! Machen wir uns stark dafür.

Der Staatsinterventionismus in Deutschland

Deutschland ist eine Konsensgesellschaft. Das heißt, dass bei uns in Deutschland bei der Steuerung wirtschaftlicher Prozesse insbesondere kooperative Entscheidungsprozesse eine große Rolle spielen. So werden bestimmten gesellschaftlichen Gruppierungen, organisierten Interessen und anderen Positionsinhabern zugewiesene Mitspracherechte bei Entscheidungsfindungen eingeräumt. Was auf den ersten Blick besonders demokratisch wirkt, lähmt leider seit Jahren den gesamten Wirtschaftsstandort Deutschland. Signifikant ist, in wie vielen Bereichen Deutschland den Wettbewerb und die Märkte aus seinem System der "Economic Governance" verdrängt hat. Immer noch zieht man den Staatsinterventionismus dem freien Markt vor und wundert sich, dass im Zeitalter der Globalisierung und sich immer schneller verändernder Verhältnisse Deutschlands Wirtschaft zum Sanierungsfall wird.

Mehr Wettbewerb brauchen wir genauso in unserem Bildungssystem. Solange unser Hochschulsystem administrativ-planwirtschaftlich organisiert ist, werden wir uns nur schwer von unserem PISA - Schock erholen können. Eine Genesung des Bildungssystems wird allerdings nicht dadurch erreicht, dass man in Deutschland interventionistisch mehrere so genannte "Elite-Universitäten" ausruft, wie es einige Sozialdemokraten am liebsten verordnen wollten. Geld ist hierbei nämlich gar nicht das Hauptproblem. Auch hier liegt die Ursache in dem in Deutschland fehlenden Wettbewerb. Sorgen wir endlich dafür, dass sich die Universitäten im Wettbewerb um die besten Studenten und Professoren beweisen müssen! Schaffen wir das staatlich organisierte Allokationsverfahren der Zentralstelle für die Vergabe von Studienplätzen (ZVS) ab. Führen wir die direkte Bewerbung der Studienanfänger an den Hochschulen ein und fördern so mehr Markt im Bildungssektor. Akzeptieren wir ferner, dass diejenigen Hochschulen, die unter diesen Bedingungen nicht bestehen können, keine staatliche Existenzgarantie haben!

Wenn man sich umschaut, entdeckt man schnell weitere kooperative Mechanismen der volkswirtschaftlichen Steuerung. Hier sei nur kurz auf die Kassenärztliche Vereinigung hingewiesen, die eine Organisation der Ärzte mit gesetzlicher Zwangsmitgliedschaft darstellt. Sie verhindert seit langem effizient, dass integrierte Versorgungssysteme geschaffen werden, die es Versicherern und Leistungserbringern ermöglichen, in den Wettbewerb um Versicherte und Patienten treten zu können. Darüber hinaus legt diese Vereinigung mit den Kassen die Arzttarife fest. Reduzieren wir auch hier die Reglementierungen durch Zwangsmitgliedschaften und machen uns für mehr Wettbewerb im Gesundheitssystem stark!

Überlassen wir es den einzelnen Mitgliedern einer bestimmten Berufsgruppe selbst, ob sie in Berufsvereinigungen eintreten wollen und oktroyieren wir solche Zwangsmitgliedschaften nicht länger durch staatliche Bevormundung!

Wehrpflicht ja oder nein?

Die Deutschen sind immer wieder erstaunt, wenn sie hören, in welch jungen Jahren Menschen anderer Länder in das Berufsleben einsteigen. Vergleicht man das Abschlussalter der Hochschulabsolventen Amerikas zum Beispiel mit dem der Deutschen, stellt man schnell fest, dass hier eine enorme Diskrepanz zwischen den einzelnen Ländern vorliegt. Während ein durchschnittlicher Amerikaner sein Studium mit ca. 23 Jahren beendet, sind die Deutschen gerade mal mit 28 Jahren so weit. Das sind fünf Jahre Altersunterschied, ein Zeitraum, der sich auch finanziell bemerkbar macht.

Woran liegt das? Zum einen hängt es sicherlich mit unserer längeren Schulausbildung zusammen. Ein weiterer Faktor ist aber ganz klar der Wehr - bzw. der Wehrersatzdienst in Form des Zivildienstes, der das höhere Alter der Berufseinsteiger erklärt. Während es in vielen anderen westlichen Ländern nie einen solchen Dienst für die männliche Bevölkerung gab oder dieser längst, da als obsolet betrachtet, abgeschafft wurde, hält man in Deutschland immer noch krampfhaft daran fest. Schaut man sich jedoch die ernüchternde Statistik an, dann wird schnell klar, dass wir längst nicht mehr von einem Pflichtdienst für alle jungen Männer sprechen können. Längst sind diejenigen, die den Wehrdienst ableisten oder als Zivildienstleistende in einer Sozialeinrichtung tätig sind, in der Minderheit. Immer mehr Schulabgängern gelingt es, durch geschickte „Trickserei" den Dienst zu umgehen und so das gesamte Konzept des ursprünglich für alle geplanten Pflichtjahres zu umgehen. Fehlende Objektivität bei der Beurteilung der Tauglichkeit, altertümliche Argumente und ein diffuses Auswahlverfahren sind die Ursache.

Selbstverständlich kann Deutschland auch in der heutigen Zeit nicht auf eine Bundeswehr verzichten. Doch scheint es wenig sinnvoll, einige wenige demotivierte Auszubildende an der Waffe zu schulen, während die Dauer des Dienstes fast von Jahr zu Jahr weiter gekürzt wird. Statistiken belegen schon jetzt, dass es viel weniger auf die Größe der Bundeswehr als vielmehr auf ihre effiziente Arbeitsweise ankommt. Doch genau da liegt das Problem. Die Waffen - und Ausrüstungstechnik der deutschen Bundeswehr hinkt der amerikanischen um mehr als zehn Jahre hinterher. Würde man diesen Technikrückstand zu den USA überwinden und technisch wieder auf gleicher Augenhöhe liegen, bräuchten wir keinen Pflichtdienst zur Rekrutierung von potentiellen Soldaten. Eine Berufsarmee mit gut bezahlten, hoch motivierten Soldaten, die mit modernster Technik ausgestattet sind, wird die einzig sinnvolle Aufgabe für die nächsten Jahre sein. Wie in anderen Arbeitsfeldern auch hat sich hier bestätigt: wer motiviert ist, leistet mehr. Wer Etwas aus Zwang tut, wird nie sein volles Leistungspotential ausschöpfen wollen und können.

Schaffen wir endlich die Wehrpflicht ab und setzen auf eine qualifizierte Berufsarmee mit hoch motivierten und bestens ausgebildeten Fachkräften! Setzen wir nicht auf Quantität, sondern auf Qualität! Nebenbei tragen wir so dazu bei, dass unser Nachwuchs früher ins Berufsleben einsteigen kann und somit auch konkurrenzfähig zu ausländischen Kräften bleibt.

Raubkapitalismus oder leistungsgerechte Vergütung bei Wirtschaftsbossen?

Eine größere Zurückhaltung der Gewerkschaften zu fordern, wenn es um die Forderung nach Lohnerhöhung geht, ist eine Sache. Doch wenn man sich die Entwicklung in der Wirtschaft insbesondere in großen Unternehmen anschaut, dann erkennt man hier schnell ein krasses Missverhältnis.

Auf der einen Seite werden Forderungen der Belegschaft nach einem höheren Lohn von den Vorständen als nicht finanzierbar abgelehnt, und es werden hunderte Arbeitnehmer auf die Strasse gesetzt. Unternehmensberater nennen diesen Prozess dann auch noch euphemistisch "Sanierungsprozess". Auf der anderen Seite erhöhen sich viele Vorstandsmitglieder der großen Unternehmen die Gehälter und Tantiemen in grotesker Art und Weise. Unser Land entwickelt sich immer mehr zum Land der Turbokapitalisten. Amerikanische Verhältnisse, was die Einkommensstruktur betrifft, sind nun im Rahmen der Globalisierung und Internationalisierung auch in Deutschland hergestellt. Es scheint als hätten einige Vorstände führender großer deutscher Unternehmen das rechte Maß verloren. So bereichern sie sich in nahe zu ungenierter Art und Weise teilweise am Firmenkapital, während sie ihre Mitarbeiter zu mehr Verzicht auffordern. Die Schere zwischen Arm und Reich klafft auch in Deutschland immer weiter auseinander. Der Mittelbau bricht in erschreckendem Maße weg. Die Verarmungsrate vieler Familien gerade in den urbanen, städtischen Gebieten steigt stetig an. Es scheint, als wenn auch die Politiker der rotgrünen Regierung mit dem Problem nicht fertig werden. Sie sind überfordert und nehmen sich der Thematik nicht an.

Erkennen wir endlich, dass ein Land nur durch einen starken Mittelstand vorankommt! Ihn gilt es zu stärken und abzusichern. Setzen wir die sozialen Sicherungssysteme endlich in größerem Maße für die wirklich Bedürftigen ein, um ihnen so wieder die Möglichkeit zu geben, mit Hilfe des Staates den Anschluss an die Gesellschaft zu finden! Kommen wir zurück zu den Vorstandsbezügen. Sind Abfindungen in zweistelliger Millionenhöhe gerechtfertigt? Haben Manager, die dem Unternehmen wirtschaftlich mehr geschadet haben als genutzt, eine solch obszöne Summe verdient? Neiddebatten helfen Deutschland sicherlich nicht weiter. Es muss aber die Pflicht der Politik sein, hier auf Missstände hinzuweisen.

Nur durch einen hohen politischen Druck kann die Bevölkerung Einfluss nehmen auf diese Entartung.

Die Ironie an der ganzen Situation ist folgende: gerade unter der rotgrünen Regierung hat es diese absurden Gehälter und Abfindungen erst in diesem Maß gegeben. Statt sich um soziale Gerechtigkeit zu kümmern, hat man zugelassen, dass die Verhältnisse ad Absurdum geführt wurden. Anstatt eines Kanzlers der arbeitenden Bevölkerung in diesem Land haben wir einen der Wirtschaftsbosse. Es ist interessant, was sich die SPD 1998 beim Bundestagswahlkampf mit dem Slogan " Neue Mitte" vorgestellt hat. Gerade innerhalb ihrer Regierungszeit hat es diese exzessiven Formen des Kapitalismus gegeben. Eine kleine Clique von Großindustriellen bereichert sich auf Kosten der gesamten Bevölkerung! Nennen wir die Dinge endlich beim Namen und bringen wir die Kritik an dieser Entwicklung in die politische Öffentlichkeit!

Europa und die Türkei

Alleine im Mai vergangenen Jahres sind wieder zehn neue Beitrittsländer zu der Europäischen Union hinzugekommen. Sie umfasst nun 25 Staaten und ist ein großes europaweites Staatskonglomerat. Zu Recht taucht in diesen Tagen immer wieder die Frage auf, wie viele Staaten die Europäische Union noch verkraftet, ohne politisch und wirtschaftlich überfordert zu werden.

Alleine die zehn neuen Mitgliedstaaten, die im letzten Jahr beigetreten sind, belasten die Wirtschaftskraft der einzelnen Mitgliedsstaaten enorm. Eine willkürliche, wenig überlegte weitere Ausdehnung verbunden mit der Aufnahme weiterer Staaten wird das Projekt "Europa" zwangsläufig überfordern. Bevor man über wirtschaftliche Fragen diskutiert, stellt sich zunächst einmal die Frage nach den Gemeinsamkeiten, die die jetzigen Mitgliederstaaten ausmachen. Was sollte das Kriterium für einen Beitritt, welches die Voraussetzungen für einen Staat sein?

Die Europäische Union setzt sich aus Staaten mit ähnlichen gesellschaftlichen, kulturellen und geschichtlichen Ausprägungen zusammen. Es handelt sich also nicht um eine bloße Währungsgemeinschaft bzw. Interessengemeinschaft, sondern emotionale und tradierte gemeinsame Werte spielen eine ebenso große wie wichtige Rolle in dem Prozess des zusammenwachsenden Europas.

Wie sollte sich also die EU gegenüber der Türkei verhalten, einem Staat, der insbesondere im vergangenen Jahr darauf gedrängt hat, dass man ihm endlich einen Termin für Beitrittsverhandlungen nennt? Die Türkei ist nicht nur ein wirtschaftlich verhältnismäßig schwaches Land, es hat auch eine andere, islamisch geprägte Kultur. So trennen die EU-Mitglieder und die Türken nicht nur eine völlig verschiedene Lebensart, auch gesellschaftspolitisch sind die Unterschiede immens. Immer noch hat die türkische Regierung das Problem der Folter nicht in den Griff bekommen, Menschenrechte werden in den Gefängnissen teilweise mit Füssen getreten. Gleichberechtigung zwischen Mann und Frau existiert bestenfalls auf dem Papier.

Kann ein solches Land Mitglied einer Gemeinschaft westlich geprägter Staaten mit christlich-abendländischer Kultur werden? Wird dies die EU nicht vor die Zerreisprobe stellen und sie am Ende handlungsunfähig werden?

Gebetsmühlenhaft und unverbesserlich wiederholt Herr Fischer von den Grünen die Wichtigkeit einer Aufnahme der Türkei in die europäische Gemeinschaft. Nur so, ist seine Auffassung, könne der nahe Osten langfristig zu politischer Ruhe zurückfinden. Außerdem hätte sich die Türkei in den letzten Jahren mit rasantem Tempo den westlichen Staaten Europas angenähert. Was Fischer nicht zu wissen scheint: auch durch ständige Wiederholung wird Unsinn nicht richtig!

Die Türkei hat alle Reformen bezüglich der Einhaltung der Menschenrechte, bezüglich der Gleichstellung und der Abschaffung der Folter lediglich in Gesetzesform gegossen; die Praxis ist leider vielerorts immer noch die gleiche, wie vor den von den Grünen hoch gelobten Reformen der türkischen Regierung. Nein, Reformen müssen auch in die Tat umgesetzt werden. Hier jedoch liegt das Problem. Zwischen Wunschdenken und Realität klaffen noch Welten.

Unter solchen Bedingungen darf sich die EU nicht von einigen wenigen Kurzsichtigen in die Knie zwingen lassen und einer Aufnahme der Türkei in die EU den Weg bereiten.

Die USA versuchen seit langem, die EU dazu zu bewegen, die Aufnahmeverhandlungen mit der Türkei zu forcieren und den Prozess zu beschleunigen. Tun sie dies aus reinem Mitleid der Türkei gegenüber oder weil sie sich etwa um das Wohl der Europäer sorgen und ihnen beratend zur Seite stehen möchten? Erkennen sie nicht die großen politischen und gesellschaftspolitischen Unterschiede zwischen den europäischen Staaten und der Türkei oder drängen sie gerade wegen der Unterschiedlichkeit der Nationen auf einen Beitritt?

Hören wir endlich damit auf, dem naiven Irrglauben zu erliegen, die Amerikaner sorgten sich um die Europäer und sehen in dem Beitritt der Türkei eine Bereicherung für Deutschland. Ist es nicht vielmehr so, dass vielleicht einige der Regierungsmitglieder in den USA an einem Beitritt der Türkei deswegen interessiert sind, weil sie eine eventuelle Schwächung der EU, sowohl wirtschaftlich als auch gesellschaftspolitisch in Kauf nehmen, ja vielleicht sogar begrüßen, um ihren Hegemonialanspruch in der Welt zu behaupten? Wäre eine bewusste Schwächung Europas etwa begrüßenswert?

Dies sind Fragen, die sich die Bürgerinnen und Bürger in unserem Land zu Recht immer häufiger stellen.

Machen wir endlich auf die gesellschaftlichen und kulturellen Unterschiede aufmerksam und stellen uns nüchtern die Frage, was aus der EU in den nächsten Jahren werden soll. Geht es nur um eine wirtschaftliche Freihandelszone mit einigen, zusammenhanglosen Staaten, die auf rein wirtschaftlicher Ebene miteinander zusammenarbeiten wollen? Oder stellt die EU nicht vielleicht doch mehr als das dar? Wollen wir nicht weiter zusammenwachsen und die Ähnlichkeit, die uns westliche, europäische Länder verbindet als Kriterium für eine gute, langfristige Partnerschaft nutzen?

Bedenkt man dann noch die demographische Entwicklung, und vergleicht die in der Türkei mit der in den Ländern der Europäischen Union, dann wird man schnell feststellen: schon in wenigen Jahren wäre die Türkei als Mitgliedsstaat der EU das bevölkerungsreichste Land   innerhalb der europäischen Grenzen. Was dies gerade auch für den gesellschaftspolitischen Bereich bedeutet, kann man sich schnell ausmalen. Es fände ein langsamer aber stetig fortwährender Prozess einer Islamisierung Europas statt!

Haben sich das die Gründungsväter der Europäischen Gemeinschaft damals vorgestellt, als sie im Februar 1992 den Vertrag von Maastricht unterzeichneten, und dies als die Geburtsstunde der Europäischen Union bezeichnet wurde?

Fragen wir die Bürgerinnen und Bürger unseres Landes und geben ihnen im Wege eines Volksentscheides auf Bundesebene die Möglichkeit, selbst über das Europäische Schicksal zu entscheiden! Hören wir mit der Entmündigung der Menschen in unserem Land auf, indem wir meinen zu wissen, was für sie am besten ist! Die Unterschätzung der Weitsichtigkeit der Bevölkerung beim Treffen politischer Entscheidungen war immer ein großer Fehler, der endlich ausgeräumt werden muß. Lassen wir den Souverän des Staates über die Zukunft Europas und eine Mitgliedschaft der Türkei entscheiden und nicht einen kleinen Rat von selbsternannten Fachleuten und Experten!

Täterschutz statt Opferschutz?

Der Einfluss der 68er Generation ist in allen Bereichen des öffentlichen Lebens bis heute zu spüren. Die Zeit des großen Umbruchs hat gerade auch im Bereich der Rechtstaatlichkeit einige signifikante Auswirkungen im Bereich des Strafrechts gehabt. In kaum einem anderen Land wird seit der wilden 60er und 70er Jahre durch den Einfluss eben dieser politischen Kreise soviel Wert auf Täterschutz gelegt wie hier. Bei jedem Strafdelikt wird zunächst einmal in der Vergangenheit des Täters geforscht, um herauszufinden, ob die Tat nicht durch eine schlechte Kindheit oder ein anderes möglichst traumatisierendes Kindheitserlebnis gerechtfertigt werden kann. Um dem ganzen einen ganz eigenen Charakter zu geben, haben einige Politiker der Grünen unlängst gefordert, das Phänomen der Pädophilie nicht länger unter Strafe zu stellen. Oft verzweifeln Angehörige der Opfer von Straftaten über die wenig konsequente Strafverfolgung, die meist milden Strafurteile und das ganze Justizsystem überhaupt.

Bringen wir wieder Ordnung in unser Land! Setzen wir uns dafür ein, dass das Opfer als schutzbedürftiges Subjekt im Mittelpunkt steht. Setzen wir das Strafmaß bei Delikten wie Vergewaltigung und Misshandlung deutlich nach oben. Der Präventivcharakter, den ein schärferes Strafmaß hat, wird eine positive abschreckende Wirkung für die potentiellen zukünftigen Täter haben. Nur harte Strafen schrecken Kriminelle vor der Begehung weiterer Delikte ab!

Multikulti oder eine gescheiterte Weltanschauung

Die Grünen wollten es immer schon besser wissen. So predigen sie seit ihrem Bestehen als Partei das Zusammenleben verschiedener Kulturen auf engstem Raum innerhalb Deutschlands. In den letzten zehn Jahren kamen durch rotgrüne Zuwanderungspolitik bedingt hunderttausende von Zuwanderern nach Deutschland. Wer vor einer Überfremdung warnte und die Zuwanderungsströme kritisch beäugte wurde in die politisch rechte Ecke gestellt und als Ewiggestriger verunglimpft. Kritik wie Ablehnung der grünen Weltanschauung war nicht gestattet und viele Politiker passten sich diesem Zeitgeist an. Leider gab es selbst in den Unionsparteien wenige Politiker mit Rückrat, die sich dieser Politik widersetzten.
In Deutschland sind so im Laufe der letzten Jahre und Jahrzehnte ganze Subzentren mit eigenen Kulturkreisen entstanden, oft begleitet von einer hohen Kriminalitäts- und Arbeitslosigkeitsrate. Oft verstehen die zu uns Gewanderten kein Wort Deutsch und schotten sich von der ihnen fremden deutschen Außenwelt ab.
Damit hier kein Missverständnis entsteht: wir brauchen Zuwanderung und eine gewisse kulturelle Vielfalt entspricht unserer Vorstellung nach Pluralismus. Nur ist damit nicht Multikulti im Sinne von Rotgrün gemeint.
Vielmehr geht es um integrationswillige Zuwanderer, die unsere Verfassung und unsere Gesetze anerken-

nen und sich nach diesen richten. Wer dazu nicht bereit ist, hat in der Bundesrepublik keine Heimat!

Die Ego-Gesellschaft

Wir leben in einer Welt, in der jeder nur an sich denkt. Zusammenhalt, Verantwortung für andere und Rücksicht sind Begriffe, die in unserer heutigen Zeit fehl am Platz sind. Gemeinschaftsgefühl und gesellschaftliche Verantwortung gelten als spießig und konservativ. Modern ist der manische Egozentrismus, der sich ausschließlich am eigenen Wohl und Fortkommen orientiert. Was die Gesellschaft als Leistungsgesellschaft definiert hat, ist leider längst zu einer reinen Ich-Gesellschaft verkommen. Der Wert des Einzelnen orientiert sich heute an Jahresbruttoeinkommen, Aktienwerten, Autos, Immobilien, etc.. Da bleibt keine Zeit für Rücksicht und Nächstenliebe, man ist sich selbst doch ohnehin der Nächste! Doch eine Nation, die nur noch aus bloßen Individualisten und Einzelkämpfern besteht, ohne das große Ganze im Auge zu behalten, ist zum gesellschaftspolitischen Untergang verdammt. Es gibt neben dem Kapital, das sich mit einer Person verbindet auch andere Werte, die es wieder zu entdecken gilt. Werte, die eine Nation, eine ganze Gesellschaft zusammenschweißen und sie stark und selbstbewusst machen. Legen wir endlich den egozentrischen Rückwärtshebel ein und wachsen wir wieder zu einer Gesellschaft und nicht zu einem bloßen Zusammenhang von Menschen zusammen!

Freizeit in Deutschland

Wir leben im größten Freizeitpark der Welt. Deutschland ist das Land mit den meisten Ferien, Feiertagen und verzeichnet Rekord-Krankheitsausfälle. In keinem Land der Welt wird so wenig gearbeitet wie in Deutschland. Wir haben uns daran gewöhnt und es uns gemütlich gemacht im Freizeitpark Deutschland. Ein Aufschrei geht durchs Land, wenn man ein, zwei Stunden in der Woche mehr arbeiten soll. Während die Amerikaner 1805, die Japaner 1859 Stunden arbeiten, tun dies die Koreaner sogar 2447 Stunden im Jahr. Nur die Deutschen kommen auf bescheidene 1446 Stunden in West- und 1467 Stunden in Ostdeutschland (amtliche OECD-Studie 2003). Auch bei den Urlaubs- und Feiertagen sind wir Weltmeister: im Schnitt 43 Tage. In den USA gibt es gerade mal 23!
Auch das Eintrittsalter in die Rente sagt in Deutschland Vieles über unsere Einstellung zur Arbeit aus: das Durchschnittsalter liegt bei 60,3 Jahren. In England geht man mit 62,6, in Japan sogar erst mit 68,5 Jahren in Rente. Berücksichtigt man jetzt noch die langen Ausbildungszeiten in Deutschland, braucht niemanden mehr der Zerfall der deutschen Sozialsysteme zu wundern.

Ein anderes Problem stellen die vielen durch Krankheit bedingten Ausfälle dar. Auch hier ist Deutschland Weltmeister. Es ist bezeichnend, dass die Jungen zehnmal so oft zum Arzt gehen wie die Bürger über sechzig. Es muss uns gelingen, die Energie, die in Freizeit verpulvert wird, an den Arbeitsplatz zurückzuholen. Arbeit muss Sinn, darf aber auch Spaß machen!

Kapitalismus oder soziale Marktwirtschaft

Seit dem Fall des „eisernen" Vorhangs, dem Untergang des Sozialismus Anfang der neunziger Jahre, befindet sich Deutschland im Wandel. Was zu Beginn als Entspannung der Lage zwischen Westen und Osteuropa gesehen wurde, enthüllte sich nach kurzer Zeit als eine neue Herausforderung. Der Sozialismus bzw. der Kommunismus stellten eine Art Korrektiv der kapitalistischen Strukturen in der Welt dar. Seit dem Untergang dieses Gesellschaftsmodells ist der klassische Kapitalismus auch in Europa auf dem Vormarsch. Das von Ludwig Erhard favorisierte Modell der sozialen Marktwirtschaft verliert auch in Deutschland zusehends an Vorbildfunktion und Orientierungsmaßstab.
Die mit der Öffnung der Grenzen verbundene Internationalisierung und Globalisierung der Weltwirtschaft hat auch einen Wandel in der Wirtschafts-

politik Deutschlands zur Folge gehabt. Das amerikanische Modell des Kapitalismus in seiner reinsten Form scheint der neue Maßstab vieler deutscher Wirtschaftspolitiker zu sein. Egal welcher politischen Couleur ist bei vielen Beteiligten eine bis dahin unbekannte neoliberale Haltung in wirtschaftspolitischen Fragen zu erkennen.

Das klassische Prinzip des „Hire and Fire" nach amerikanischer Art scheint sich im Rahmen der Globalisierung und des Zerfalls des Sozialismus als das scheinbar einzig vernünftige Modell der Wirtschaftsordnung auch im kontinentaleuropäischen Raum durchzusetzen. So genannte „Global-Player" der großen Kapitalgesellschaften transferieren riesige Geldbeträge von einem Land zum anderen, Firmen verlagern ihre Produktion in Billiglohnländer. Das gesamte gesellschaftliche Leben wird mehr und mehr durch Ökonomie gelenkt. Doch der Wirtschaftswissenschaftler Hayek warnte schon, als er sagte, dass derjenige ein schlechter Ökonom sei, der nur ein guter Ökonom sei. Immer mehr Parteifunktionäre fordern eine radikale Marktliberalisierung nach dem Vorbild der USA und eine drastische Reduktion der Arbeitnehmerschutzrechte zugunsten einer besser florierenden Wirtschaft.

Doch ist das ein Modell, welches Zukunft hat und die Probleme in Deutschland lösen kann?

In Deutschland hat sich nicht ohne Grund die soziale Marktwirtschaft als das einzig vernünftige Wirtschaftsmodell etabliert. Schon in den fünfziger Jahren des vergangenen Jahrhunderts erkannten die politisch tätigen Personen, dass der Kapitalismus in seiner reinen Form ohne eine staatliche Regulierung kein Modell für Deutschland war. Zu kalt, zu unsozial schien das angloamerikanische Modell für die deutschen Bürgerinnen und Bürger zu sein.

Man wollte die Marktwirtschaft und den liberalen Wirtschaftshandel durch Elemente staatlicher Interventionsmöglichkeiten erweitern. Diese staatlichen Eingriffe, wie ein progressives, einkommensabhängiges Steuersystem sollten ein Mindestmaß an sozialer Contenance wahren und eine soziale Schieflage vermeiden. Mit diesem Modell reüssierte Deutschland nach dem 2. Weltkrieg dann in den fünfziger und sechziger Jahren und wurde zu einem der wohlhabendsten und wirtschaftlich erfolgreichsten Länder der Erde. Man war stolz darauf, eine Wirtschaftspolitik zu praktizieren, die jedem Einzelnen einen größtmöglichen wirtschaftlichen Freiraum gewährte und gleichzeitig den Armen und Schwachen ein Mindestmaß an sozialem Ausgleich zukommen ließ.

In den neunziger Jahren des vergangenen Jahrhunderts hat sich das Bild dann gravierend geändert. Die Arbeitslosigkeit stieg kontinuierlich an und liegt derzeit bei rund fünf Millionen Arbeitslosen in Deutschland. Weite Teile der Bevölkerung verarmten und leben seitdem am Rand des Existenzminimums. Zugleich geht es dem oberen Viertel der Bevölkerung immer besser. Mit anderen Worten wird also die Schere zwischen Arm und Reich immer größer. Die

Mittelschicht bricht weg und die Kluft wird tiefer und besorgniserregender.

Unmut macht sich breit bei denjenigen, die nicht zu den Nutznießern und Privilegierten der Globalisierung gehören. Sie haben das Vertrauen in die Politik weites gehend verloren. Diesen Menschen müssen wir deutlich machen, dass sie durch die Politik Unterstützung erfahren und dass alles daran gesetzt wird, die Einkommensschieflage in Deutschland langfristig abzubauen.

Die Befürworter eines radikalen Kapitalismus führen grundsätzlich an, dass gerade diese Wirtschaftsform diejenige sei, die die Arbeitslosigkeit in Deutschland bekämpfen könne. Der Markt würde sich von selbst regulieren; bürokratische Schranken im Arbeitsrecht seien ein Einstellungshindernis und gehörten gänzlich abgeschafft.

Doch ist es wirklich so einfach, wie es sich die Neoliberalen in der Wirtschaftspolitik machen? Soll die soziale Marktwirtschaft in Deutschland wirklich dem Modell einer „Laissez faire"-Wirtschaftsordnung weichen? Wird damit die Arbeitslosigkeit wirkungsvoll bekämpft?

Es darf zu Recht bezweifelt werden. Sicherlich stellt so manches Regelwerk der staatlichen Intervention zur Umverteilung einen bürokratischen und vielleicht auch im Einzelfall einstellungshindernden Grund für die einzelnen Betriebe und Unternehmen dar.

Doch sehen wir seit einigen Jahren, wo die Entwicklung hinführt, wenn wir den Arbeitsmarkt mehr und mehr liberalisieren. Es führte in den vergangenen

Jahren nicht zu mehr Beschäftigung, sondern zu einer Auslagerung vieler Betriebsstätten in Billiglohnländer Osteuropas. Die Arbeitslosigkeit ist weiter gestiegen und die Situation für Berufseinsteiger wird zunehmend schwieriger bzw. aussichtslos. Hier muss dringend Abhilfe geschaffen werden! Es ist Zeit, dass die Freunde des Neoliberalismus und des schrankenlosen Schaltens und Waltens im globalen Raum erkennen, dass die deutsche Gesellschaft gespalten wird. Eine völlige Deregulierung des Arbeitsmarktes und Steuererleichterungen für Großunternehmen sind nicht das Patentrezept zur Bekämpfung der Arbeitslosigkeit. Amerika darf nicht in allen Dingen Vorbild für deutsche Politik sein! Deutschland darf nicht zu einem sklavischen Befürworter amerikanischer Arbeitsmarkt – und Wirtschaftspolitik werden. Eine völlige Ökonomisierung aller Lebensbereiche ist nicht nur kalt und herzlos, sondern wird große Teile der Bevölkerung auch die völlige gesellschaftliche Ächtung bringen. Das muss verhindert werden.

Fassen wir das Modell der sozialen Marktwirtschaft als ein Modell auf, das es zu verteidigen und gegebenenfalls hin und wieder zu modifizieren, unter keinen Umständen jedoch abzuschaffen gilt. Nur wenn wir alle Bevölkerungsteile bei unserer Politik mitnehmen, werden wir langfristig in Deutschland wieder Erfolg haben.

Marktwirtschaft und soziale Gerechtigkeit dürfen nicht länger von einigen Parteifunktionären gegeneinander ausgespielt werden. Es sind keine Gegensätze, die sich ausschließen. Es hat sich bewährt, wenn der Staat schützend in die Wirtschaftsabläufe eingreift und durch steuerrechtliche Mittel der Umverteilung mehr soziale Gerechtigkeit schafft.

Es ist eben der falsche Ansatz, den die FDP verfolgt, zu sagen, dass Gerechtigkeit immer dann gegeben ist, wenn Chancengleichheit besteht. Chancengleichheit wird es nie geben! Dazu ist jede persönliche Lage zu individuell und kann nicht pauschal vereinheitlicht werden. Es reicht nicht aus, formal die gleichen Startchancen zu haben. Wir müssen uns gerade auch um diejenigen kümmern, die ihre Startchancen nicht im gleichen Maße nützen können wie andere. Deswegen brauchen wir einen Staat, der sich nicht vollständig aus der Wirtschaftspolitik zurückzieht. Wir brauchen die soziale Marktwirtschaft als Modell für Deutschland und wir müssen uns gegen die totale Ökonomisierung unseres Lebens wehren!

Europa und der Nationalstaat

Europa befindet sich seit einigen Jahrzehnten im Wandel und Umbruch. Wir erleben das Phänomen der Europäisierung der einzelnen Nationalstaaten. Durch Institutionen wie das Europäische Parlament in Straßburg oder den Europäischen Rat hat die Zusammenarbeit der einzelnen Länder zwischen einander eine neue Dimension erhalten. Europa wächst zusammen. Durch die Einführung der gemeinsamen

Währung des Euro hat die Europäische Politik einen weiteren Schritt in Richtung zum Europa-Staat gemacht. Doch wie viel Europa brauchen wir überhaupt?

Es besteht kein Zweifel daran, dass die europäischen Völker eine gemeinsame kulturelle christlich-abendländische Vergangenheit haben. Im Zeitalter der Internationalisierung und Globalisierung ist ein Zusammenwachsen der Staaten der EU sinnvoll und wünschenswert. Die USA planen die Weltherrschaft anzustreben und wollen die wirtschaftliche und militärische Hoheit auch über Europa erlangen. Gerade diesem Ziel der Amerikaner muss sich Europa widersetzen. Die Länder Europas müssen nicht nur einen gemeinsamen Wirtschaft– und Handelsraum bilden, sie müssen auch institutionell weiter zusammenwachsen. Ein starkes zusammenhängendes Europa ist ein wichtiger Gegenpart zu einem außenpolitisch immer aggressiver auftretenden Amerika und einem stetig wachsenden asiatischen Raum. Europa kann nur gemeinsam verhindern, dass die USA die europäische Politik immer stärker dominieren. Die jüngste Vergangenheit mit dem Beginn des Irakkrieges der Amerikaner gegen Saddam Hussein hat gezeigt, wie die Amerikaner versucht haben, Europa zu spalten und damit handlungsunfähig zu machen.

Der Verteidigungsminister der USA Rumsfeld sprach unlängst von einem „neuen" und einem „alten" Europa und trieb so einen Keil zwischen die einzelnen Länder, die den Irakkrieg befürworteten und denjenigen, die ihn ablehnten.

Wir dürfen nicht zulassen, dass die USA die europäischen Länder weiter gegeneinander aufstacheln. Sie tun dies mit der Absicht, Europa langfristig politisch aber auch militärisch zu schwächen und ihre Vormachstellung als Hegemonialmacht weiter zu festigen. Daher brauchen wir ein zusammenwachsendes Europa, eine Union aus Staaten, die ähnliche Weltanschauungen haben und überwiegend vom Wirtschaftsmodell der sozialen Marktwirtschaft geprägt sind. Die Zeiten der Kleinstaaterei müssen der Vergangenheit angehören. Heute muss Europa unsere Heimat sein.

Ein wichtiger Schritt in diese Richtung stellt auch der Bologna-Prozess dar, der die Vereinheitlichung der Studienabschlüsse in allen europäischen Ländern zum Ziel hat. Auf diese Weise soll die Möglichkeit der akademischen Migration innerhalb der EU-Grenzen gesichert und gewährleistet werden. Es handelt sich um eine vernünftige Idee, die leider in der Praxis noch die eine oder andere Schwierigkeit aufweist.

Bei allem Sinn, den eine verstärkte Europäisierung macht ist dennoch fraglich, ob wir durch die Schaffung weiterer EU-Institutionen und bürokratischer Konstrukte den richtigen Weg einschlagen. Ein Zusammenwachsen der Länder der EU kann nicht heißen, dass die einzelnen Länder ihre eigene Identität und ihre eigenen Bräuche und Traditionen aufgeben. Gerade das ist der Grund, warum Europa den USA in vielen Punkten voraus ist. Wir haben die in Amerika überall vermisste Vielfalt kultureller, politischer aber auch gesellschaftlicher Art. Diese

Vielfalt, dieser Pluralismus muss gewahrt bleiben! Nicht der Europastaat, der durch eine Fusion aller Länder entsteht, kann unser Ziel sein.

Unser Ziel muss ein starker europäischer Kontinent aus einem Verbund vielfältiger Staaten sein, die ihre Interessen und politischen Forderungen gemeinsam nach außen in der Welt vertreten. Nur so wird auch die Akzeptanz der Bevölkerung der einzelnen EU-Staaten zum Projekt „Europa" weiter zunehmen. Zur Zeit wird Europa noch kritisch betrachtet. Viele kleinere Parteien profilieren sich innerstaatlich durch eine besonders EU-kritische Haltung und haben damit großen Erfolg. Deswegen ist es umso wichtiger, den Bürgerinnen und Bürgern deutlich zu machen, dass ein starkes Europa nicht die Aufgabe der nationalstaatlichen Identität bedeuten wird!

Partei oder Person wahlentscheidend?

In unserem heutigen Medienzeitalter gibt es immer mehr Wechselwähler, also Wahlberechtigte, die nicht mehr ihr ganzes Leben lang ihre Stimme einer ganz besonderen Partei geben. Vielmehr entscheiden sich gut ein Drittel der Wähler nach pragmatischen Gesichtspunkten für die eine oder die andere Partei. Wie kommt dies?

Noch vor zwanzig Jahren gab es das klassische Lagerdenken von Links und Rechts, von Gut und Böse. Diese Denkweisen scheinen heute obsolet zu sein.

Viel entscheidender als verstaubte Wahlprogramme, die niemand liest, sind heute die Personen, die für eine bestimmte Partei stehen. So ist es wichtiger, wie eine bestimmte Frontperson einer Partei inhaltlich positioniert ist, als die Tatsache, wie die Partei als Ganze einzuordnen ist. Deswegen bestimmen Spitzenfunktionäre oft über den Ausgang der Wahl unabhängig davon, ob die Partei im derzeitigen Moment in der Wählergunst sehr weit oben steht oder nicht. Dies ist auch der einzige Weg heraus aus dem verstaubten Lagerdenken zweier Ideologien, die aufeinander prallen.

Charismatische Persönlichkeiten sind heute überwiegend für den Erfolg ihrer Parteien verantwortlich. Eine Partei wie die österreichische FPÖ hatte nur deswegen 1999 bei den Nationalratswahlen einen solchen Erfolg, weil es Jörg Haider als Parteiobmann war, der durch sein provokantes aber zugleich auch charismatisches Auftreten viele Wählerstimmen an sich binden konnte. Als er dann Anfang 2000 überraschend zurücktrat, verlor die Partei stetig von Wahl zu Wahl Stimmen und Sitze in den Parlamenten. Was die deutsche Parteienlandschaft also braucht, sind bürgernahe, charismatische Persönlichkeiten und keine blassen Technokraten, die es leider im Überfluss gibt! Wenn niemand zu Wahlen antritt, der die Bevölkerung durch seine Art und seine Überzeugungen für sich und die Partei begeistern kann, wird die Politikverdrossenheit in Deutschland weiter zunehmen! Heute wird eben nicht mehr in erster Linie die Partei, sondern die Person vor dem

Parteinamen gewählt! Es wird Zeit, dass die Politik sich dieser Realität stellt.

Glaubhaftigkeit der Politiker

Wir leben in einer Zeit, in der die Glaubhaftigkeit gerade auch in der Politik eine besondere Bedeutung darstellt. Umso erschreckender ist die Tatsache, dass gerade diese Glaubwürdigkeit bei den gewählten Volksvertretern immer weiter abnimmt. Die Bevölkerung hat kein Vertrauen mehr in das von vielen Politikern Gesagte. Schaut man sich den Zeitraum der vergangenen zwanzig, dreißig Jahre an, wird man feststellen müssen, dass das Vertrauen und der Glaube in die Politiker von Jahr zu Jahr abgenommen hat und nun im 21. Jahrhundert fast am Nullpunkt angekommen zu sein scheint.

Wie kommt diese dramatische Entwicklung, dieser enorme Vertrauensverlust zustande? Ist nicht gerade das Vertrauen in die Politik und ihre Volkvertreter elementar wichtig für die Genesung Deutschlands?

Allen ist klar: glaubt man nicht an den Erfolg, wird man ihn auch nicht haben. Ähnlich verhält es sich mit der deutschen Politik auch. Wenn niemand mehr den Glauben in die Politik hat, wird auch die Handlungsfähigkeit der Politik selbst negativ beeinflusst. Der gewaltige Glaubwürdigkeitsverlust der Politiker bei der Bevölkerung macht sich interessanterweise nicht an bestimmten Parteizugehörigkeiten fest. Es handelt sich hier offenkundig um ein Problem, das alle Parteien und deren Funktionäre gleichermaßen betrifft.

Zu oft haben sich zahlreiche Abgeordnete und Minister in der Vergangenheit in Widersprüche verstrickt bzw. ihre Meinung schlagartig geändert. Man nimmt ihnen das Gesagte nicht mehr ab. Konsequenz daraus ist die zunehmende Politikverdrossenheit der Bürgerinnen und Bürger. Niemand glaubt mehr, dass sich bei einem Regierungswechsel von der einen Koalition hin zu einer anderen Etwas signifikant zum Guten ändert.

Die Politische Klasse in Berlin scheint den Bezug zur Wirklichkeit verloren zu haben. Von einem Gala-Diners zum nächsten eilend, scheinen viele Volksvertreter die wahren Nöte und Probleme der Menschen in unserem Land nicht mehr zu kennen. Wenn dann diese chamäleonartige Wechselhaftigkeit der Standpunkte und politischen Ansichten hinzukommt, dann wendet sich die Bevölkerung angewidert ab. Ob Flugaffären, Schwarzgeldaffären oder Affären, die die Nebentätigkeiten von Politikern betreffen, all diese Dinge haben nicht dazu beigetragen, dass das Ansehen der politisch Handelnden steigt. Die Politiker müssen wieder ehrlich mit den Menschen umgehen. Sie müssen Standpunkte vertreten, die sich wie ein roter Faden durch ihr Leben ziehen und Prinzipientreue dokumentieren. Erst wenn die Menschen wieder den Eindruck gewinnen, dass die Politiker an das glauben, was sie selber sagen und überzeugend auftreten, werden die Wählerinnen und

Wähler wieder für die deutsche Politik zu gewinnen sein!

Das Ansehen des Politikers ist ruiniert und desaströs. Der Beruf befindet sich irgendwo ganz unten zusammen mit dem Zuhälter und dem Gebrauchtwagenhändler! Dabei geht es in der Politik um so elementar wichtige Entscheidungen, wie die Zukunft unseres Landes!

Die Menschen sehnen sich wieder nach jemandem, der sie mitnimmt bei seinen Ideen, der sie begeistert für seine politischen Konzepte und der jenseits von verstaubten Ideologien pragmatische Lösungsansätze für die anstehenden Probleme präsentiert ! Er muss immer wieder reflektieren, ob sein Handeln im Sinne seiner Wähler steht und muss sich der Rolle als Vertreter der Bevölkerung bewusst sein! Deutschland braucht einen neuen Typ Politiker, einen Menschen aus ihrer Mitte!

Der Jugendwahn in Unternehmen

Wir leben in einer Zeit der massiven Widersprüche. Auf der einen Seite wird die deutsche Bevölkerung immer älter. Durch eine bessere medizinische Versorgung und durch einen gesünderen Lebensstil als noch vor hundert Jahren ist es möglich geworden, dass die deutsche Bevölkerung immer länger lebt. Zugleich hat sich aber der Trend zu einem kinderlosen Familienglück oder dem Leben als Single der urbanen Abenteuerwelt durchgesetzt. Mit anderen Worten nimmt die Zahl der jungen Menschen stetig ab, während die der Älteren steigt. Die damit verbundenen Probleme für das Gesundheits- und Rentensystem liegen auf der Hand.

Umso interessanter ist jedoch anbetracht dieser Umstände die Tatsache, dass wir einem zunehmenden Jugendwahn ausgesetzt sind. Die Werteverschiebung innerhalb der Gesellschaft in den letzten Jahren und die zunehmende Liberalisierung und damit einhergehende Degenerierung hat dazu geführt, dass das Alter als etwas Abstoßendes wahrgenommen wird. Die Spaßgesellschaft oktroyiert die ewige Jugend für alle! Zwar möchten die Menschen alt werden, aber sie möchten nicht so aussehen und sich so verhalten. Der Bereich der plastischen Chirurgie erlebt seit den vergangenen zehn Jahren nun auch in Deutschland einen regelrechten Boom. Immer mehr Frauen und Männer wollen ihre natürliche Alterung durch kosmetische Eingriffe aufhalten und bekämpfen. Es wird Fett abgesaugt, es werden Gesichter gestrafft und andere Altersmerkmale entfernt.

Während diese Entwicklung für sich genommen keine Gefahr für die Entwicklung und die Zukunft in unserem Land darstellt, so hat der Jugendwahn leider auch andere Bereiche des Lebens, nämlich den Arbeitsmarkt erreicht.

Firmen stellen zum Großteil nur noch junge oder zumindest jung aussehende Menschen ein. Dieser Kult zu jungem Personal wird in den Medien noch verstärkt. Auf allen Plakaten, in allen Broschüren sind grundsätzlich nur junge Gesichter zu sehen. Arbeitslose über vierzig gelten bereits als chancenlos und abgeschrieben. Fünfzigjährige überkommt ein „Ohnmachts-Gefühl", wenn sie sich der jungen Konkurrenz ausgesetzt sehen.

Dies ist eine dramatische und völlig fehlgeleitete Entwicklung auf dem Arbeitsmarkt! Warum bevorzugen Unternehmen junge Menschen? Dies hat mehrere Ursachen. Sie suggerieren zunächst einmal Kraft, Vitalität und Dynamik. Dies sind Attribute, mit denen sich Firmen gerne schmücken. Ein älterer Mensch wird mit diesen Eigenschaften zu Unrecht seltener in Verbindung gebracht. Oft ist so mancher fünfzigjähriger Arbeitnehmer wesentlich ausdauernder und vitaler als ein jüngerer Kollege.

Hauptgrund für die bevorzugte Einstellung junger Menschen ist natürlich oft die geringere Bezahlung der jungen Angestellten, sie sind also schlichtweg preisgünstiger für die Unternehmen als ältere Angestellte. Auch kann man sich ihrer aufgrund von Probezeiten, etc. schneller und leichter durch Kündigung entledigen. Ältere Angestellte schickt man in die Frühverrentung, zahlt Abfindungen und Ähnliches, um sie los zu werden. Die Folge davon ist, dass die Zahl der älteren Arbeitslosen immer weiter zunimmt. Ihre Lage ist nahezu aussichtslos und ihre Chance, einen Widereinstieg in die Berufswelt zu bekommen, sehr gering.

Ältere Arbeitnehmer müssen endlich wieder mehr Wertschätzung erfahren! Sie können nicht auf dem Abstellgleis geparkt werden. Durch ihre Erfahrung sind sie oft vielen jungen Kollegen weit voraus und können eventuelle körperliche Defizite durch ihren geistigen Vorsprung den jungen Kollegen gegenüber kompensieren. Schluss mit dem Jugendwahn! Nicht das Alter darf alleine entscheidend für die Einstellung sein, sondern die gesamte Persönlichkeit muss das objektive Kriterium darstellen. Wenn nur noch junge Menschen eingestellt und Angestellte mittleren Alters bereits durch Frühverrentung „entsorgt" werden, dann wird es bald zum wirtschaftspolitischen Supergau in Deutschland kommen! Ziehen wir endlich die Notbremse und beginnen wir wieder die Qualitäten der älteren Mitarbeiterinnen und Mitarbeiter entsprechend zu würdigen! Viele Betriebe täten gut daran, dies zu tun.

Frauenquote in der Politik

Seid der sechziger Jahre und dem Beginn des Feminismus, dem Kampf für Frauenrechte, sind in diversen politischen Parteien und Vereinigungen Frauenquoten eingeführt worden. Ziel hierbei war die stärkere Besetzung parteipolitischer Gremien mit Frauen, die in einer von Männern dominierten Parteienlandschaft unterrepräsentiert waren. Die Frauenquoten erwiesen sich als effizientes Mittel zur forcierten Besetzung von Parteiämtern mit Frauen. Ein effizientes Mittel muss jedoch nicht gleich auch ein sinnvolles sein. Trägt man auf diese Weise der verstärkten Einbeziehungen weiblicher Mitstreiter in der deutschen Politik Rechnung? Dies darf mehr als nur bezweifelt werden. Eine Gleichberechtigung von Frauen und Männern kann nicht dazu führen, dass persönliche Eignung für ein bestimmtes Amt oder Mandat einer missverstandenen Forderung nach Gleichheit zwischen Frauen und Männern geopfert wird.

Frauenquoten reduzieren die einzelnen Bewerberinnen ausschließlich auf ihr Geschlecht. Nicht die persönlichen Fähigkeiten stehen im Vordergrund, sondern das Geschlecht! Dies ist jedoch mit Gleichberechtigung der Geschlechter nicht gemeint. Frauen in der Politik haben einen Anspruch darauf, genauso wie Männer nach ihren Talenten und Fähigkeiten beurteilt zu werden und nicht nach den Ideologien einiger Alt68er! Die meisten Frauen empfinden diese Quotenregelung selbst als diskriminierend und wollen sich nach objektiven Kriterien dem innerparteilichen Wettbewerb mit den Männern stellen! Machen wir also Schluss mit einer Regelung, die aus einer längst überlebten Phase der 68er-Generation herrührt und schaffen endlich auch in der Politik die vollständige Gleichberechtigung. Ziehen wir einen Schlussstrich und beenden die seit vielen Jahren andauernde Diskriminierung der Frauen in der Politik. Die Abschaffung der Frauenquote ist ein erster richtiger Schritt in diese Richtung!

Fraktionszwang und innerparteiliche Demokratie

Dem Grundgesetz nach ist der Abgeordnete frei und nur seinem Gewissen unterworfen. In der Realität sieht dieses oft ganz anders aus. Natürlich werden Mandatsträger, egal ob auf Kommunal-, Landes- oder auch Bundesebene zunächst einmal von den Bürgerinnen und Bürger eines bestimmten Wahlkreises bei Direktwahl oder über die Liste durch die Wahl der Partei in das entsprechende Parlament gewählt. Somit ist der oder die Abgeordnete zunächst einmal nur seinen bzw. ihren Wählern gegenüber verpflichtet. In der Praxis sieht das Ganze jedoch anders aus. Fügt sich der einzelne Abgeordnete einer Partei nicht in das vorher in Fraktionssitzungen beschlossene Abstimmungsverhalten ein, droht ihm der Verlust seines Mandates bei einer Neuwahl. So ist es üblich, dass Quertreiber und andere politisch Handelnde, die von dem Mehrheitsvotum der Partei abweichen, nicht mehr auf die Wahllisten der Partei gesetzt werden und ihnen gegebenenfalls sogar ein Fraktionsausschluss droht.

All dies sind die Mittel einer modernen Parteiendemokratie, um die Mitglieder einer Fraktion in Schach zu halten und die Kontrolle über deren Verhalten nicht zu verlieren. Doch haben die Wähler die betreffende Person dafür gewählt?

Oft sind die Kandidaten einer Partei ihre Marionetten. Sie wissen, dass nicht sie als Person gewählt wurden. Vielmehr geht es den Wählern oft darum, eine bestimmte Partei mit ihren der Partei eigenen Inhalten zu wählen. Der spezielle Kandidat spielt dann oft eine untergeordnete Rolle. In diesem Sinne ließe sich ein starrer und autoritär praktizierter Fraktionszwang generell befürworten.

Doch leben wir wie bereits oben dargestellt heute in einem Zeitalter, in dem die zu wählende Person oft wichtiger ist, als die dahinter stehende Partei. Seit das Lagerdenken gerade auch zwischen den beiden großen Volksparteien CDU/CSU und SPD mehr und mehr abnimmt und die unterschiedlichen Positionen der Parteien austauschbar werden, wählen die Menschen häufig zunächst die Person. Die Partei spielt dann nicht mehr die bedeutende Rolle wie es noch vor wenigen Jahren der Fall war. Berücksichtigt man also diese Veränderungen, die insbesondere auch durch unser Medienzeitalter forciert werden, dann ist auch die Frage des Fraktionszwanges anders zu bewerten. Geht es nicht um die Menschen in unserem Land? Sollten deren Interessen nicht absolute Priorität gegenüber den Interessen der Parteien haben?

Damit hier keine Missverständnisse aufkommen: Geschlossenheit der einzelnen Fraktionen garantiert ein bestmögliches Handeln der einzelnen Parteien. Deswegen ist es nicht grundsätzlich abzulehnen. Vielmehr sollten wir aber gleichzeitig den Abgeordneten die Möglichkeit gewähren, Grundsatzfragen nach bestem Wissen und Gewissen entsprechend der Regelung im Grundgesetz der Bundesrepublik Deutschland zu entscheiden! Füllen wir den Artikel wieder mit Leben und führen ihn nicht durch die Androhung von Ausschlüssen und anderer parteirechtlicher Konsequenzen ad absurdum! Die vergangenen Jahre haben leider in erschreckendem Maße gezeigt, wie mit einzelnen Mitgliedern einer Partei umgegangen wird, die nicht sklavisch eine bestimmte Linie der Fraktion vertreten haben. Das Beispiel reicht über den Ausschluss des ehemaligen Landesvorsitzenden der FDP NRW Jürgen W. Möllemann im Jahre 2002, der einer regelrechten gesellschaftlichen und sozialen Hetze zum Opfer fiel, bis hin zum Beispiel Martin Hohmann, einem CDU-Bundestagsabgeordneten aus Fulda, der erst aus der Bundestagsfraktion und schließlich auch aus der CDU ausgeschlossen werden sollte. Das den eben Genannten grobes Fehlverhalten vorgeworfen werden kann, steht außer Frage. Die Art und Weise der Aufarbeitung der einzelnen Angelegenheiten ist eine andere. Hier haben sich die Beteiligten nicht mit Ruhm bekleckert! Politik muss den einzelnen Akteuren auch einen gewissen Spielraum für persönliche Entscheidungen lassen. Wo ausschließlich Befehl und Gehorsam vorherrschen, dort kann kein fruchtbares demokratisches Streitgespräch erwachen! Deutschland braucht wieder eigenständig denkende Köpfe in den Parlamenten, keine kritiklosen Fraktionssklaven!

Deutsche Vergangenheitsbewältigung

Jedes Handeln der Deutschen wird gemessen an dem, was sich in der Vergangenheit in Deutschland ereignet hat. Ob politisches oder gesellschaftliches Handeln – stets wird auf die deutsche Geschichte geschaut. In keinem anderen Land der Erde wiegt man die Vor- und Nachteile einer bestimmten öffentlichen Äußerung in dem Maße ab, wie in Deutschland. Nirgendwo anders hat die *Political Correctness* in dem Umfang die Geltungshoheit über die Medien erlangt wie bei uns! Die deutsche Geschichte wird auf zwölf dunkle Jahre im vergangenen Jahrhundert reduziert. Alle anderen teilweise wesentlichen Bestandteile unserer Geschichte werden ausgeblendet. Sie werden ausradiert und unter den Tisch gekehrt. Deutschlands Politik steht unter einem anderen Stern als die in anderen Ländern.

Der Nationalsozialismus hat die Mentalität, die Moral und die Politik der Deutschen seit Kriegsende entscheidend geprägt. In zwölf Jahren unserer Geschichte sind Verbrechen begangen worden, die seines gleichen suchen. Der Schrecken „gipfelte" während des 2.Weltkrieges in der Ermordung und der systematischen Ausrottung von sechs Millionen Juden. Die Untaten sind einzigartig in der Weltgeschichte, einzigartig ist deshalb auch die Verantwortung, die Deutschland für diese Geschehnisse trägt. Diese Verbrechen werden den Deutschen immer in Erinnerung bleiben und auch in Zukunft unser Handeln wesentlich bestimmen und bestimmen müssen! Die Deutschen haben aber auch eine Verpflichtung, die aus dieser grausamen Erfahrung resultiert. Sie haben die Verpflichtung, in anderen Ländern genauso wie bei sich zu hause darauf hinzuweisen, wenn ähnliche Verbrechen begangen werden oder solche drohen. Genau hier liegt jedoch das Problem im Land. Viele Politiker verschiedener Couleur haben nicht erkannt, dass die Konsequenz aus den Verbrechen des Nationalsozialismus nicht nur ewige Reue sein kann, sondern dass diese grausamen Ereignisse auch Wegweiser für das Handeln in der Zukunft sein müssen. In Deutschland kann aber nur dann dafür gesorgt werden, dass auch in anderen Ländern dieser Welt niemals solche Verbrechen geschehen, wenn die politisch Handelnden den Mut haben, in anderen Ländern rechtzeitig auf drohende Missstände aufmerksam zu machen! Davon sind wir jedoch noch weit entfernt. Die in Umfang und Ausmaß zwar nicht vergleichbaren aber durchaus Menschenrecht verletzenden Handlungen der Russen in Tschetschenien sind bisher von der deutschen Regierung kaum thematisiert worden. Zu gut ist das Verhältnis zwischen Bundeskanzler Gerhard Schröder und dem russischen Präsidenten Vladimir Putin, als das man dieses durch unschöne Debatten über Völkermord und Totschlag belasten wolle. Deutschland verliert dabei nicht nur sein Gesicht im europäischen Raum; auch weltpolitisch wirken wir durch ein defensives und zaghaftes Auftreten bei Problemen dieser Art schwach und unglaubwürdig. Auf der einen Seite wird in jeder

Sonntagsrede beschworen, dass man aus den Verbrechen der Vergangenheit lernen müsse und dies auch entsprechende Konsequenzen hätte in der Zusammenarbeit mit anderen Ländern. Auf der anderen Seite hält man sich in außenpolitischen Angelegenheiten bewusst zurück.

Akzeptieren wir endlich, dass die Geschehnisse zwischen 1933 und 1945 als irreversible Verbrechen immer Wesensmerkmal der deutschen Geschichte sein werden, aus denen man sein Handeln für die Zukunft ableitet! Damit ist aber auch ein selbstbewusstes Auftreten insbesondere gegenüber den Verbrechen anderer Länder gemeint! Sprechen wir die Tschetschenien-Problematik in Russland oder den Völkermord an den Armeniern durch die Türken offensiv an. Zaghaftigkeit wird uns in der Zukunft nicht weiterbringen; die Rolle des ewigen Sühners macht unser Land und unsere Menschen krank und schwach! Deutschland braucht wieder Mut, auch kritisch im Umgang mit der Geschichte anderer Länder zu sein! Machen wir endlich einen Neubeginn.

Der 11. September und seine Auswirkungen

Der 11. September 2001 hat auch in Deutschland seine Spuren hinterlassen. Die Flugzeugabstürze in die „Twin-Tower" von New York City und das Pentagon in Washington sind monatelange über die Bildschirme der deutschen Fernseher geschickt worden. Ganz Deutschland erstarrte vor Entsetzen über die Verwundbarkeit des großen amerikanischen Nachbarn. Es sollten Ereignisse sein, die für immer die Welt verändern würden und die auch die deutsche Politik nachhaltig beeinflusst haben. Sicherheitspolitische Maßnahmen wurden von allen Parteien im Bundestag forciert und neue Gesetzesvorhaben auf den Weg gebracht. So wurde von einigen Parteien die Überwachung öffentlicher Plätze durch Kameras, die Abhörung von Telefonaten und andere Maßnahmen zur Gefahrenabwehr eines Terroranschlages in Deutschland unterstützt. Ein neues Antiterrorgesetz wurde auf den Weg gebracht und der Abschuss gekidnappter Passagierflugzeuge unter in Kaufnahme des Verlustes hunderter Menschen legalisiert.

Sicherlich haben uns die Terroranschläge in New York und Washington gezeigt, dass auch die westliche Welt, möge sie militärisch noch so stark sein, verwundbar ist. Dazu bedarf es eben keiner Atomwaffen, sondern wilder Fanatiker, die bereit sind, ihr Leben für die Sache zu opfern. Von ihnen geht die größte terroristische Gefahr aus. Sie sind unberechenbar und schrecken vor nichts zurück.

Der Terroranschlag auf die Züge Madrids am 11. März 2004 hat gezeigt, dass der Terror auch in Europa Einzug hält. Präventivmaßnahmen gegen den Terror sind also geboten und sinnvoll. Doch welche Mittel sind probat und welche schränken die Freiheit der Menschen nicht in einem unverhältnismäßig hohen Maße ein? Darauf eine Antwort zu finden, fällt nicht leicht. Natürlich kann eine verstärkte Sicherheit nur durch den Verlust einer gewissen Freiheit des Einzelnen erkämpft werden. Wo Gefahren lauern, dort muss die Polizei oder der Staat generell die Möglichkeit haben, frühzeitig auf Informationen zurückgreifen zu können.

Doch kann ein totaler Überwachungsstaat, in dem jede Handlung des Einzelnen überwacht, beobachtet und gegebenenfalls auch aufgezeichnet wird, nicht die richtige Lösung sein! Die persönliche Freiheit des Einzelnen, die auch grundrechtlich geschützt ist, ist eines der höchsten Güter des Menschen. Der Bürger muss geschützt werden vor willkürlichen Eingriffen in seine Persönlichkeitssphäre durch den Staat.

Daher sind alle Maßnahmen im Rahmen der Antiterrorgesetzgebung daraufhin zu prüfen, ob hier die Verhältnismäßigkeit gewahrt bleibt. Die FDP hat zu Recht mehrfach auf diesen Missstand aufmerksam gemacht und sich besorgt über die gesteigerte Einflussnahme des Staates in die Intimsphäre des Einzelnen gezeigt. Es ist unerträglich, wie Amerika, das Land der Freiheit und Grenzenlosigkeit, seid der Anschläge vom 11. September in einen totalen Überwachungsstaat zu verfallen droht! Flugpassagiere müssen sich bei den Sicherheitskontrollen vollständig entkleiden, ihre persönlichen Daten werden überprüft und mittlerweile müssen sie nahezu ihre gesamte Privatsphäre den Sicherheitsbehörden zwecks Überprüfung zur Verfügung stellen. Das kann jedoch nicht die richtige Konsequenz aus den Terroranschlägen und der damit verbundenen Gefahr insbesondere auch für Europa sein. Vielmehr gilt es die Ursachen für die Anschläge weites gehend zu erkunden und das Problem an seiner Basis zu bekämpfen. Zunächst einmal galten die Anschläge am 11. September 2001 überwiegend den USA und nicht, wie immer wieder gerne behauptet, der gesamten westlichen Welt. Deswegen ist auch Europa von diesen Anschlägen überwiegend verschont geblieben. Die aggressive Außenpolitik der Amerikaner, die auf eine Eroberung der totalen Weltherrschaft abzuzielen scheint, hat gerade unter dem Präsidenten George W. Bush neue Dimensionen und Ausmaße angenommen! Eine überwiegend einseitig betriebene Siedlungspolitik im Nahostkonflikt zwischen Israel und Palästinensern hat den Hass auf Amerika von bestimmten Bevölkerungsgruppen gerade der arabischen Länder weiter verschärft.

Diese Tatsachen als entscheidende Faktoren für die Ursache der Terroranschläge vom 11. September zu erkennen, ergibt die Möglichkeit, etwaige Gefahren terroristischer Art für Deutschland im Vorfeld durch richtiges Verhalten zu reduzieren. Deutschland muss als Dialogpartner in diesen Konflikten insbesondere denen des Nahen Ostens auftreten. Wir müssen diplomatisch das Problem von beiden Seiten begleiten und keine unilaterale Konfliktlösung an der Seite der Amerikaner anstreben. Hier haben die Amerikaner durch mangelnde diplomatische Fähigkeiten in der Gesprächsführung die entscheidenden Antipathien gegen ihr Land aufgebaut! Sicherheitsmaßnahmen zur Bekämpfung der Terrorgefahr sind also wichtig, dürfen die Freiheit der Menschen jedoch nicht zu stark einschränken! Vielmehr müssen wir immer die eigentlichen Ursachen für eine bestimmte Terrortat erforschen oder rekonstruieren und dann das Problem an der Wurzel bekämpfen! Eine Krankheit wird auch nicht durch die Kurierung der Symptome bekämpft. Ähnlich verhält es sich mit der Sicherheitspolitik!

Die Macht der Parteien muss verringert werden

Die Macht der Parteien muss langfristig verringert werden. Die großen Parteien der Bundesrepublik haben ihre Hände mittlerweile in fast allen Lebensbereichen im Spiel. Alles dreht sich um Ämter, Mandate und Posten. Etwas anderes scheint leider kaum noch eine Rolle zu spielen. Wo ist das Verlangen nach inhaltlicher Auseinandersetzung mit einem bestimmten kontrovers zu diskutierenden Thema?

Oft hat man den Eindruck, die inhaltliche Diskussion oder programmatische Arbeit im Allgemeinen stößt bei Wenigen auf Interesse. Nicht selten wird die sklavische Zustimmung zu bestimmten Personen durch die Beschaffung diverser Pöstchen erkauft. Die Vorstände und Aufsichtsräte diverser staatlicher Betriebe und Unternehmen sind voll von Parteifunktionären unterschiedlicher Couleur. Hier ist ein weit gehender Rückzug der Parteifunktionäre aus den verschiedenen Gremien geboten! Politiker haben genug mit der alltäglichen politisch-inhaltlichen Arbeit zu tun!

Auch die Bezahlung der Abgeordneten und Parlamentarier gehört auf den Prüfstand! Politiker sollten genauso wie alle anderen Bürger in die staatlichen Grundsicherungen, also die gesetzliche Kranken- und Rentenversicherung einzahlen!

Schaffen wir die unsäglichen Abfindungen, Superpensionen und anderen Nebenleistungen ab! Machen wir endlich wieder eine volksnahe Politik! Führen wir endlich einen Pauschalbeitrag als Bezahlung aller Abgeordneten ein. Mit dem müssen die Politiker dann alles selbst finanzieren. Dies schafft mehr Klarheit und Transparenz für den Bürger.

Erst wenn die Parteien keine Posten mehr verteilen dürfen, werden sie unabhängig genug, sich endlich ausschließlich der inhaltlichen Arbeit zu widmen! Fangen wir endlich an, Politik aus Leidenschaft zu betreiben.

Politikverdrossenheit

Dramatische Ausmaße nimmt die steigende Politikverdrossenheit der Menschen an. Dies führte in den vergangenen Jahren zu einer stetig sinkenden Wahlbeteiligung. Bei der Landtagswahl von NRW im Jahr 2000 haben gerade mal knapp über 50% aller

Wahlberechtigten an den Wahlen teilgenommen. Dies ist ein Trend, der sich auch in anderen Bundesländern fortsetzt und bei den Europawahlen seinen Höhepunkt erreicht.

Doch kann man überhaupt vernünftige Politik machen, wenn nur die Hälfte der Bevölkerung überhaupt ein Votum abgeben möchte?

Die Vergangenheit hat gezeigt, dass die Parteien den dramatischen Rückgang des Interesses an den politischen Wahlen mit Ignoranz strafen. Geändert hat sich als Konsequenz daraus bisher wenig. Einige kleinere Parteien wie Grüne und FDP können von einer geringen Wahlbeteiligung sogar profitieren. Ihr politisches Gewicht wird in einem solchen Fall dann unverhältnismäßig groß.

Umfragen, die die Motive der Nichtwähler für ihr Verhalten erforschen, ergeben stets die gleichen Resultate. Die Menschen trauen keiner der Parteien eine Änderung der politischen Verhältnisse zu; sie glauben nicht an Besserung durch einen Regierungswechsel. Viele halten sogar das gesamte System des Parlamentarismus mit seiner stetigen Suche nach Kompromiss und Konsens für ungeeignet, die Probleme insbesondere der hohen Arbeitslosigkeit langfristig zu lösen. Doch wenn sich die Bürgerinnen und Bürger von der Politik abwenden, dann können wir nicht einfach die Augen davor verschließen! Wir müssen sie mitnehmen bei den anstehenden Herausforderungen unserer Zeit. Die Bevölkerung hat ein Recht aber auch eine gesellschaftliche Verpflichtung, an Wahlen teilzunehmen! Führen wir eine allgemeine Wahlpflicht ein und sorgen wir so für eine aktivere Beteiligung der Menschen an den politischen Geschehnissen in unserem Land! Erklären wir jede Wahl egal ob auf Kommunal-, Landes- oder auch Bundesebene für ungültig, sobald sich weniger als 50% der Wahlberechtigten an dieser beteiligen! Die Parteien müssen sich auf diese Weise wieder um eine verstärkte Einbeziehung und ein gesteigertes Interesse der Bürgerinnen und Bürger kümmern. Wenn die Mehrheit der Bevölkerung der Politik bereits den Rücken zugekehrt hat, wird es höchste Zeit, dass die politischen Akteure erwachen und erkennen, wie weit sie sich teilweise schon von den Nöten der Bevölkerung entfernt haben!

Parteisoldaten als Listenkandidaten

Rund fünfzig Prozent aller Abgeordneten kommen heute über eine parteiinterne Liste in die Parlamente. Viele Kandidaten, die in ihren Wahlkreisen unterliegen, brauchen sich um den Einzug ins Parlament keine Sorge zu machen. Sie sind über einen vorderen Listenplatz auf ihrer Parteiliste abgesichert und werden auch bei einem persönlichen Misserfolg ihr Mandat erhalten.
Ein echter Wettkampf zwischen den einzelnen Kandidaten der Parteien findet also durch diesen Absicherungsmechanismus nicht mehr statt. Die Bürgerinnen und Bürger haben faktisch keine Mög-

lichkeiten, einen bestimmten Kandidaten wegen Unfähigkeit abzuwählen! Er rutscht über die Liste in das Parlament.

Der Wähler hat auf die Listen der Parteien, bei denen durch Kungelei und Intrigen die Plätze vergeben werden, keinen Einfluss. Schaffen wir langfristig die Parteilisten als Auffangbecken für Wahlkreisverlierer ab! Wir brauchen mehr direkte Demokratie und der Wähler hat ein Recht, seinen Kandidaten im Direktwahlkreis zu bestimmen! Machen wir Schluss mit Kungelwirtschaft und Parteisoldatentum. Die Wähler eines Wahlkreises sollen über den besten Kandidaten entscheiden können und nur dieser sollte ins Parlament einziehen. Direkter Wettbewerb zwingt alle Kandidaten zu mehr Leistung und einer bürgernahen Politik! Es ist höchste Zeit dafür!

Deutschlands Arbeitslosigkeit

Es wird das alles entscheidende Thema der Bundestagswahl 2006 sein: die andauernde und stetig wachsende Arbeitslosigkeit in Deutschland, die zwischenzeitlich bereits die „Fünf Millionen – Marke" überschritten hat. Eine kürzlich durchgeführte Umfrage von Infratest bei tausend Deutschen ergab, dass 29% der Befragten die Frage bejahten, ob sie glauben würden, dass sie oder eines ihrer Familienmitglieder in nächster Zeit arbeitslos werden! Dies ist ein Indiz für die riesige Verunsicherung vieler Bürger in unserem Land. Die bereits Erwerbslosen kennen nur eine Frage, nämlich die, wann sie endlich wieder in Arbeit kommen.

Dabei muss endlich Allen klar sein: die Massenarbeitslosigkeit in Deutschland ist weder gottgewollt, noch ist die Globalisierung und Internationalisierung der Märkte ein Naturgesetz! Neoliberale Ideologen, so genannte „Global Player" in den USA und unfähige Politiker tragen die Hauptverantwortung für die Wirtschaftskrise und die daraus resultierende Verarmung der Deutschen!

Doch kann man auch langfristig Erfolg versprechende Gegenmaßnahmen treffen. Was wir brauchen ist ein weit gehend geschlossener kerneuropäischer Wirtschaftsraum, durch den ein wirtschaftlicher Neubeginn und Vollbeschäftigung wieder möglich werden!

Machen wir den Menschen Mut und verdeutlichen wir ihnen, dass es eine politische Kraft gibt, die vor den dramatischen Entwicklungen nicht resigniert. Nicht ein anonymer, sich selbst überlassener Markt kann die Wohlfahrt und den Wohlstand unserer Bevölkerung sichern, sondern dies gelingt nur dadurch, in dem wir vernünftige wirtschaftliche Rahmenbedingungen schaffen und unserer nationalen Verantwortung gerecht werden! Zeigen wir den Bürgerinnen und Bürgern in unserem Land, dass wir den Willen und die Kraft haben, diese Ziele zu erreichen.

Die Erweiterung der Europäischen Union

Die Erweiterung der Europäischen Union wird seit vielen Jahren als etwas Erstrebenswertes angesehen. Politiker, die den Mut hatten, an der richtigen Stelle Kritik zu üben, wurden als rückwärts gewand bezeichnet und man warf ihnen mangelnde Weitsicht vor. Durch die EU-Osterweiterung würde diese weiter wachsen und die Wirtschaft langfristig florieren. Doch wie sieht es wirklich mit der EU aus und kann man die Erweiterung als einen Gewinn für die Europäische Gemeinschaft betrachten?
Am 8. Mai 2004 traten acht osteuropäische Länder der Europäischen Union bei. Man feierte den Tag als die endgültige Überwindung der Teilung Europas.
Es steht außer Frage, dass die neuen EU-Länder in enge wirtschaftliche Beziehungen mit Deutschland treten werden. Doch gerade diese auflebende wirtschaftliche Zusammenarbeit wird auch massive Probleme mit sich bringen. Dabei geht es in erster Linie um die Auswirkungen für den deutschen Arbeitsmarkt und für die deutsche Industrie. Es droht eine dramatische Standortverlagerung vieler deutscher Unternehmen in die osteuropäischen Länder. Diese sind zwar kapitalarm, aber reich an billigen Arbeitskräften und stellen somit einen idealen Standort für die arbeitsintensiven Produktionsprozesse deutscher Firmen dar.
Damit wird es zu noch mehr Wettbewerb und Konkurrenz für die ohnehin schon angeschlagene deutsche Wirtschaft kommen. Insbesondere Unter-

nehmen aus dem verarbeitenden Gewerbe wird es in die neuen osteuropäischen EU-Länder ziehen. Gleichzeitig wird es einen enormen Wanderungsdruck von Osteuropäern geben, die in den westeuropäischen Ländern ihr Glück auf dem Arbeitsmarkt suchen. Auch wenn die Wanderung durch Mittel der politischen Regulierung gedämmt werden wird, so hat dies nur zur Folge, dass der Druck auf deutsche Unternehmen, ihre Produktion ins Ausland zu verlagern, weiter wächst.

Niemand kann zum jetzigen Zeitpunkt genau prognostizieren, wie viele Menschen kommen werden. Nur eines scheint sicher: es werden jährlich Hunderttausende sein. Eine ökonometrische Studie des ifo Instituts ergab, dass etwa 4% bis 5% der Bevölkerung der im Jahr 2004 beigetretenen EU-Länder in den nächsten 15 Jahren in die alten Länder der Europäischen Union einwandern würden, wenn es keine Einwanderungsbeschränkungen geben wird. Dabei baute die Studie auf Erfahrungen mit Migrationsbewegungen früherer Jahre auf. Das Ergebnis ist erschreckend. Es wird deutlich, wie angespannt die Lage gerade auf dem deutschen Arbeitsmarkt in den nächsten Jahren werden wird. Dies wird nicht nur die Arbeitsplatzsituation in unserem Land weiter verschlechtern, es wird auch zu einem verstärkten Druck auf die Löhne deutscher Arbeiter führen. Während die Löhne in den neuen EU-Ländern steigen werden, hat dies in Deutschland den weiteren Fall zur Folge. Verlierer werden gerade diejenigen Deutschen sein, die nicht zu den Kapitalbesitzern, Immobilieneignern oder Arbeitnehmern mit einer hochqualifizierten Berufsausbildung gehören. Sie werden in wenigen Jahren die eigentlichen Verlierer der EU-Erweiterungspolitik Europas sein! Die Schere zwischen Arm und Reich, zwischen Verlierern und Gewinnern unserer Gesellschaft wird weiter auseinanderklaffen. Machen wir uns also klar, dass es selbstmörderisch wäre, jetzt über den Beitritt weiterer Kandidaten in die EU zu sprechen. Schon die jetzige Erweiterung hat die finanziellen Handlungsspielräume der Europäischen Union minimiert und niemand weiß vorauszusagen, in welche Richtung Europa in den nächsten Jahren steuern wird!

Gleiches passives Wahlrecht für alle?

Dem Grundgesetz nach hat jeder deutsche Staatsbürger das gleiche Recht, in politische Ämter oder Mandate gewählt zu werden. Die Wirklichkeit sieht jedoch sehr viel anders aus. Oft ergibt sich die Chance, auf einem sicheren Platz für ein Landes- oder Bundesmandat zu kandidieren erst nach vielen Jahren einer zermürbenden Ochsentour innerhalb der jeweiligen Partei. Oft muss man mehr als zehn Jahre aktives Parteimitglied gewesen sein, um eine Chance auf ein Landtagsmandat zu haben. Dies führt natürlich zu einer Art der Sozialisation, in der Sachfragen eine immer geringere und Fragen der Macht eine immer größere Bedeutung erlangen.

Die Qualität der einzelnen Kandidaten spielt faktisch keine große Rolle mehr, sondern ihre „Vorleistungen" für die Partei! So will die Partei dann schließlich bei Erlangung eines Mandates einen Teil von dem Erfolg zurück haben: wer einer Partei ein Mandat verdankt, der muss dafür auch hohe Abgaben aus seinem staatlichen Gehalt zahlen.

Was ist jedoch das eigentliche Problem an der mehr oder weniger verbindlichen Ochsentour, die ein Parteimitglied durchstehen muss, bevor es ein Mandat erlangen kann? Ist Parteierfahrung nicht vielleicht eher eine wünschenswerte Eigenschaft für jeden Wahlkreis- oder Listenkandidaten? Das Problem ist die einseitige Auslese der Kandidaten innerhalb der Parteien. So haben oft nur diejenigen Parteimitglieder überhaupt eine Chance auf eine Parlamentskarriere, die jahrelang Zeit und Geld in die Partei investiert haben. Es liegt in der Natur der Sache, dass dies oft Lehrer und andere Beamte sind, die ihre üppige zur Verfügung stehende Freizeit der Parteiarbeit widmen können. Gerade die Besten und Mobilsten, die in Wirtschaft und Gesellschaft gefragt sind, können sich jedoch diese zeitraubende Ochsentour nicht leisten oder müssen aufgrund ihrer Karrierelaufbahn den Ort ihres Wirkens wechseln. So gelangen oft nicht die Tüchtigen und Fähigen in die Parteiämter, sondern die Bequemen und Freizeit Verwöhnten! Auf diese Weise bleibt stets eine bestimmte Clique unter sich, die gegenseitig die Posten verteilt und die mit einer funktionsgerechten Auswahl des politischen Personals nichts mehr zu tun hat.

Was das im Einzelnen für mentalitätsmäßige Auswirkungen auf die politische Klasse an sich und für Initiative, Innovation und Bereitschaft für politische Veränderungen hat, kann sich jeder vorstellen! Deutschland braucht einen neuen Typ Politiker, der aus der Mitte der Gesellschaft kommt und nicht allein aufgrund seiner enormen ihm zur Verfügung stehenden Freizeit für die Partei seine Kompetenz zu erlangen glaubt! Parlamente, die nur mit Beamten besetzt sind, werden niemals den notwendigen Mut zu Erneuerungen und Reformen mit sich bringen!

Die deutsche Zwangsverfassung

Kein anderes Land der Welt hatte auf die Gestaltung der Verfassung so wenig Einfluss wie Deutschland. Zwar heißt es in der Präambel des Grundgesetzes, dass sich „das deutsche Volk kraft seiner verfassungsgebenden Gewalt dieses Grundgesetz gegeben" hätte. Fakt ist jedoch, dass die Deutschen bei der Entstehung dieser Verfassung kein Abstimmungsrecht hatten. Nach der Lehre ist die Verfassungsgebung in einem demokratischen Staat Sache des Volkes! Das hätte also für die Entstehung des deutschen Grundgesetzes heißen müssen, dass die deutschen Bürgerinnen und Bürger eine verfassungsgebende Versammlung hätten wählen müssen, die

100

dann einen Verfassungsvorschlag erarbeitet hätte. Diesem Vorschlag hätte das Volk dann zustimmen müssen.

Tatsache ist jedoch, dass es in Deutschland ganz anders geschah. Der Parlamentarische Rat, der das Grundgesetz verfasste, war nicht von der Bevölkerung eingesetzt worden, sondern von den einzelnen Landesparlamenten. Darüber hinaus nahmen die damaligen Besatzungsmächte erheblichen Einfluss auf die Erstellung des Grundgesetzes und stellten das Inkrafttreten der Verfassung unter den Vorbehalt ihrer Genehmigung. Schließlich wurde es den Westdeutschen verboten, über dieses Gesetz abschließend abzustimmen!

Somit war das erste im Grundgesetz geregelte Gebot, dass alle Staatsgewalt vom Volke ausgehen würde, nicht eingelöst. Gerade über ihre eigene Verfassung durften die Deutschen nicht abstimmen! Dies ist wieder einmal symptomatisch für Deutschland und sein krankes Ego. Zwar wurde nach der Ratifizierung der deutschen Verfassung die These verbreitet, das anfängliche Legitimationsdefizit würde durch eine hohe Wahlbeteiligung an künftigen Bundestagswahlen geheilt. Eine Entscheidung über Parteien und Personen ist jedoch nicht mit einer Abstimmung über das Grundgesetz vergleichbar. Damit ist die Behauptung, dass das Grundgesetz demokratisch legitimiert sei, so nicht haltbar. Wir müssen den Mut haben, das Grundgesetz an den Stellen zu ändern, wo es Modifizierungsbedarf gibt! Die Entstehung der deutschen Verfassung zeigt, dass diese nicht unfehlbar ist und die Bevölkerung nie die Möglichkeit einer Entscheidung über die Richtigkeit dieses Gesetzes bekam!

Das Land der Schwarzarbeit

Deutschlands Wirtschaftswachstum tendiert gen Null. In allen Statistiken belegt Deutschland einen der hinteren Plätze. Nur ein Bereich floriert und wächst in der heutigen Zeit noch: der Markt der Schwarzarbeit. Das progressive Steuersystem Deutschlands hat vor allem zur Folge, dass der Umfang und das Ausmaß der Schwarzarbeit in den letzten Jahren in Deutschland massiv zugenommen haben. Die Wertschöpfung, die in Deutschland heute schwarz geleistet wird, hat einen Umfang von 16% des offiziell geleisteten Bruttoinlandsprodukts erreicht. Die Zeiten, in denen sich Deutschland rühmen konnte, dass es in seinem Land keine Schwarzarbeit gäbe, haben sich geändert. Der Sektor der Schwarzarbeit ist auch der einzige Wirtschaftssektor, der in der heutigen Zeit von Massenarbeitslosigkeit, Firmenpleiten und Auswanderung expandiert. Doch wie kommt es zu dieser dramatischen Zunahme von Schwarzarbeit und den damit verbundenen finanziellen Ausfällen für den Staat? Die hohe Grenzsteuerbelastung provoziert gerade zu das Arbeiten an den Steuern und dem Fiskus vorbei! Der Kunde, der das erste Bad noch über den Meister hat abwickeln lassen, entscheidet sich spätestens beim Gästebad dafür, den Gesellen nach Feierabend schwarz mit der Aufgabe zu beschäftigen und sich die Steuerersparnis brüderlich zu teilen. Bekämpfen wir endlich die Schwarzarbeit in unserem Land nachhaltig! Eine von Bundeskanzler Schröder kürzlich angeheizte Debatte über Ethik und Moral der Deutschen reicht hier nicht aus. Grundsatzdebatten alleine werden die Zahl der Schwarzarbeiten nicht reduzieren. Hier braucht es neben einem radikalen Mentalitätswandel in den Köpfen der Menschen auch eine vereinfachte Steuergesetzgebung, die Arbeiten am Fiskus vorbei unterdrückt und nicht fördert! Die gewonnenen Mehreinnahmen können dann wieder in die Sozialstaatlichkeit investiert werden. Dieses Geld fehlt jetzt.

Das Ansehen Deutschlands

Ständig wiederholen die gutmenschlichen Berufspolitiker und umtriebigen Multikulti-Propheten die Moralpredigt, dass die für „böse" erklärten Deutschen unser Ansehen im Ausland beschädigen würden. Natürlich gibt es in der Tat Äußerungen oder Handlungen, die das Ansehen Deutschlands im Ausland nachhaltig schädigen können. Dies geschieht aber nur in den wenigsten Fällen, in den von der politischen Klasse angeführten Fällen. In einer Sache sind sich die Politiker aller Couleur einig: der gestiegene Hang zum Rechtsextremismus in Deutschland sei ein Grund für unseren Ansehensverlust im Ausland. Ausdruck dieser Besorgnis sind Aktionen wie „die Wochen des ausländischen Mitbürgers", „Tolerantes Brandenburg" und Ähnliches. Die Berliner Politik ordnet sich diesem Motto bereitwillig und ferngesteuert unter. Schließlich gehe es um den „Wirtschaftsstandort Deutschland", um den man sich sorgen würde. Stehen also wirtschaftliche Gesichtspunkte im Vordergrund? Hört man die Appelle führender Wirtschaftsbosse, dann bekommt man unweigerlich den Eindruck, dass alle Beteiligten in erster Linie die Sorge um die deutsche Wirtschaft und damit den Profit haben.

Ob sich Deutschland mit der von der Berliner Bühne vertretenden Politik im Ausland nicht vielleicht eher lächerlich macht, wird dabei vernachlässigt. Wichtig sind alleine die wirtschaftlichen Kriterien.

Ein interessanter Beitrag in der Monatszeitschrift der Industrie- und Handelskammer Kiel und Flensburg bringt die Situation auf den Punkt. Darin heißt es, dass „die positiven Ansätze in der Diskussion um die Einwanderungspolitik nur dann Aussicht auf Erfolg haben, wenn die Attraktivität Deutschlands als Produktions- und Arbeitsort nicht durch radikale Gewalttäter beschädigt wird."

Einigen rotgrünen Bundespolitikern scheint es mit ihren pädagogischen Artgenossen an den deutschen Hochschulen mehr Spaß zu machen, vor ihren ausländischen Kollegen in tiefe Demut zu verfallen und zu buckeln, als durch ein selbstbewusstes, rückratstarkes Verhalten Eindruck zu machen. Doch wie soll das Ansehen Deutschlands im Ausland groß sein, wenn sich die Funktionäre von Rotgrün überwiegend darauf beschränken, in selbstzerstörerischer Art und Weise unser Land kaputt zu reden und uns durch eine anbiedernde, unterwürfige Art im Ausland lächerlich machen! Wer nimmt Deutschland so noch länger ernst! Ergreifen wir endlich den Mut für einen Politikwechsel hin zu mehr deutschem Selbstbewusstsein und zu einem souveränen Auftreten anderen Ländern gegenüber. Lassen wir uns die masochistischen Verhaltensweisen der Berliner Politik nicht länger bieten, die alles Auswärtige loben und alles Deutsche diffamieren!

Deutschlands Genesung darf nicht nur auf dem Wirtschaftssektor stattfinden. Ein gestärktes Auftreten wird auch nachhaltig unser Ansehen in anderen westlichen Ländern verbessern und deutlich machen, dass wir als Land Kerneuropas eine zentrale Rolle spielen!

Politik als Inszenierung

Das Fernsehen spielt in der heutigen politischen Szene eine immer größere Rolle. In den Vereinigten Staaten ist dies schon seid vielen Jahren der Fall. Präsidentschaftskandidaten in den USA werden von riesigen Medienevents begleitet, die eine personalisierte Wahl zur Folge haben. Die enorme Bedeutung des Fernsehens liegt darin, dass eine gigantische Zahl an Zuschauern erreicht wird. Der Deutsche verbringt wie der Amerikaner viele Stunden am Tag vor dem Fernseher und urteilt mehr danach, was sie mit eigenen Augen sehen, als danach, was sie über die Printmedien vermittelt bekommen. Das Fernsehen ist zur Hauptinformationsquelle geworden und hat damit auch für den politischen Wahlkampf eine große Bedeutung. Doch hat das Fernsehen vielleicht auch das Niveau des Wahlkampfes reduziert und verwässert es nicht zusehends die politischen Inhalte der einzelnen Parteien?

Das Fernsehen hat seine eigenen Gesetze. Diese sind nicht ohne Rückwirkung auf die Art und Weise, wie heute der politische Wahlkampf der Parteien geführt wird. Ein besonderer Effekt der großen politischen Bedeutung des Fernsehens stellt neben der Personalisierung des Wahlkampfes auch die Boulevardisierung dar. Es werden Pseudo-Events veranstaltet, die einzig und allein dem Zweck dienen, mediale Aufmerksamkeit zu erhaschen. Das dabei eine vernünftige inhaltliche Auseinandersetzung mit dem Gegner vernachlässigt oder gar unmöglich wird, liegt auf der Hand. Ein Meister der Selbstinszenierung war der FDP-Politiker Jürgen W. Möllemann. Er verstand es wie kein anderer, das Interesse der Medien auf sich zu ziehen. Sein legendärer Fallschirmsprung über dem nordrhein-westfälischen Landtag oder sein Tauchgang im Rhein führten zu einem enormen Bekanntheitsgrad. Die eigentlichen politischen Inhalte standen auch hier oft hinten an. Die

Dominanz des Fernsehens und seit einigen Jahren auch des Internets gibt Public-Relations-Agenturen eine immer größere Bedeutung. Der Wahlkampf von Gerhard Schröder als Kanzlerkandidat der SPD im Jahre 1998 bestand aus einer ganzen Reihe von Aktionen, die im Vorfeld von Werbeagenturen ausgearbeitet worden waren. Doch die Politik darf nicht zu einem einzigen Medienschauspiel und einer einzigen Inszenierung drittklassiger Politiker verkommen! Der legendäre Auftritt des FDP-Vorsitzenden Guido Westerwelle bei der Primitivsendung „Big Brother" zeigt, welches Niveau der politische Wahlkampf bereits erreicht hat! Versuchte die FDP im Bundestagswahlkampf 2002 noch durch medial inszenierte Albernheiten als Spaßpartei auf sich aufmerksam zu machen, so führt sie seitdem nur noch ein klägliches Schattendasein ihrer selbst. Haben wir die Kraft, dem Versuch zu widerstehen, im Medienzeitalter die inhaltliche Wahlkampfführung einer bloßen Boulevardisierung zu opfern. Wo Inhalte an Bedeutung verlieren und sich Politiker auf mediale „Phrasendrescherei" beschränken, dort wird die Politikverdrossenheit der Menschen weiter zunehmen. Erlangen wir wieder ein anderes Verständnis von Politik mit Inhalt und Substanz. Es ist höchste Zeit!

Schlusslicht Deutschland

Wie konnte Deutschland, das Wirtschaftswunderland der 1950er Jahre zum wirtschaftlichen Schlusslicht degradieren? Selbst Frankreich, Österreich und Holland haben Deutschland bereits überrundet. Das Land der Dichter und Denker steckt in einer existenziellen Krise ungeheuren Ausmaßes. Deutschland hat nach dem 2. Weltkrieg Großes vollbracht. Zerbombte Städte wurden wieder aufgebaut und eine leistungsfähige Exportwirtschaft wurde im Laufe der Jahre aufgebaut. Deutschland wurde schnell zu einem Globalisierungsgewinner ersten Grades. Funktionierende staatliche Institutionen zusammen mit einem ausgebauten Rechtssystem bildeten die Grundlage für Deutschlands Erfolg. Die Kriegsgegner hatten zwar die deutschen Städte und Kulturdenkmäler ausgelöscht, was sie aber nicht vernichtet hatten, war das Wissen und die Fähigkeiten der deutschen Bevölkerung. In einer arbeitsteiligen Wirtschaftswelt konnte Deutschland schnell zu einer der führenden Exportnationen wachsen. Nach dem die deutsche Wirtschaft gewachsen war, hatte bald jeder Deutsche Arbeit. 1970 gab es so gut wie keine Arbeitslosen. Man zählte gerade mal 150.000 Personen, die ohne Arbeit waren. Das ist ein Dreißigstel der heutigen Zahl! Das Problem war jedoch, dass dieses Wirtschaftswunder nur in Westdeutschland geschah. Im Osten hingegen reichte es nur zu formelhaften Beschwörungen eines Aufschwungs, der jedoch bis in die 1970er Jahre ausblieb. Der westdeutsche Aufschwung kam jedoch jäh zum Ende, als der deutsche Wohlfahrtsstaat in den 1970er Jahren schrittweise ausgebaut wurde. Die Schaffung der Frühverrentungsmöglichkeiten, die Reduzierung der Arbeitszeit und die Verbesserung des Arbeitslosengeldes waren Ursachen dafür, dass die deutsche Wirtschaft und der Wohlstand ins Stocken gerieten. Die Rentenversicherung wurde durch die FDP regelrecht ausgeplündert, indem man Rentenansprüche für vor allem symbolische Beitragsleistungen an deutsche Selbstständige verschenkte. Die Staatsquote, die 1970 noch bei 39% lag, stieg bis heute auf rund 50% an.

Die Gewerkschaften mit ihren enormen Lohnforderungen, die damit verbundenen Stundenlohnkosten und der üppiger werdende Sozialstaat taten ihr Übriges. So wurde Deutschland systematisch wieder abgewirtschaftet.

Die Zeiten der 1960er und 1970er Jahre sind vorbei und Deutschlands Wirtschaft kämpft ums Überleben! Dabei muss uns allen klar sein: jeder einzelne von uns muss zur Genesung Deutschlands Einschnitte wirtschaftlicher Art in Kauf nehmen. Nur wenn wir alle bereit sind, auf einen Teil des Luxus, den der Sozialstaat uns bietet, zu verzichten, kann der Abwärtstrend langfristig gestoppt werden. Rotgrün und seine enorm hohe Staatsquote können wir uns nicht länger leisten.

Parteifunktionäre ohne Kompetenz

Es ist immer wieder interessant anzuschauen, mit welcher Leichtigkeit so mancher Parteifunktionär hohe politische Ämter besetzt. Dies ist gerade bei SPD und Grünen dann der Fall, wenn sie nicht die geringste fachliche Fähigkeit für das Amt besitzen. Doch wie heißt es doch so schön: „wem Gott das Amt gab, gab er auch den Verstand." Diese Einstellung ist wichtig, um auch besonders unfähigen Amtsträgern die erforderliche Autorität zu sichern. Der politische Machtkampf zielt bei uns immer noch vor allem auf eins ab: die Besetzung der staatlichen Ämtern mit den Leuten, die sich in der engeren Parteiclique für den Sieg eingesetzt haben. Dabei stellt die Begabung der Einzelnen eine untergeordnete Rolle dar. Wer sich also bis zum Wahlsieg gegen die Konkurrenz durchgesetzt hat, der soll nun nicht an seiner eigenen Ungeeignetheit scheitern! Gerade bei der rotgrünen Bundesregierung hat man den Eindruck, als würde die Unfähigkeit und Inkompetenz der Politiker mit der Wichtigkeit der Ämter zunehmen! Es gilt also: je höher das Amt, desto geringer die Qualifikation.

Doch sind das die Politiker, die die Bevölkerung ersehnt und die Deutschland braucht, damit es aus seinem politischen Schattendasein heraustreten kann? Wenn eine Frau oder ein Mann aufgrund ihres bzw. seines schwachen juristischen Examens nie eine Chance gehabt hätte, Amtsrichterin zu werden, dann aber in der Politik urplötzlich zur Justizministerin aufsteigt, dann zeigt dies die Perversität der Situation! Nur Politiker, die mit beiden Beinen im Leben stehen, werden ihr Ressort bzw. ihr Amt auch entsprechend ausfüllen können. Nur wer das Ressort nach seiner Neigung auswählt oder seiner Fachkenntnis wegen für ein bestimmtes Ministerium ausgewählt wird, der wird auch die notwendige Leidenschaft entwickeln, die Dinge zum Guten zu wenden und Politik zu gestalten. Wem dieser innerliche Anreiz fehlt, der wird nur ein politisches Kümmerdasein führen, so wie die meisten der Bundesminister von SPD und Windradpartei.

Das NPD-Verbotsverfahren

Das NPD-Verbotsverfahren ist eine besondere Art des Umgangs mit politisch unliebsamen Gegnern durch das Establishment gewesen. Seit der ersten Wahlerfolge der NPD in den sechziger Jahren wurden immer wieder Stimmen laut, die einen Verbotsantrag der NPD befürwortet haben. Es setzte sich jedoch die Einsicht durch, dass „eine stabile Demokratie ihre Gegner am wirkungsvollsten auf dem Feld der öffentlichen Diskussion und der Wahlen in die Schranken weist." Dies war zumindest die Argumentationslinie der damaligen Präsidentin des Bundesverfassungsgerichts Jutta Limbach, die sich mit der NPD-Problematik auseinandergesetzt hatte. Umso interessanter mutet es an, wenn man die in den letzten Jahren wieder aufgekommene Forderung eines NPD-Verbotsverfahrens bedenkt, die von allen etablierten Parteien mit Ausnahme der FDP aufgestellt wird. Als Begründung wird die „Verfassungswidrigkeit" der Partei unterstellt. So würde eine vermeintliche Gefahr von der NPD für die deutsche demokratische Grundordnung ausgehen, was von allen aufrichtigen Demokraten nicht hinnehmbar sei. Die NPD verstoße mit ihren Aktionen und ihrer Politik also gegen das Grundgesetz der Bundesrepublik Deutschland. Abgesehen von der Tatsache, dass bisher nur sehr fadenscheinige Argumente für die allgemeine Verfassungswidrigkeit der Partei gefunden wurden, so bleibt bei der gesamten durch den Bundesinnenminister Otto Schily (SPD) angeheizten Diskussion unberücksichtigt, dass die Partei mit einer Ausnahme seit über dreißig Jahren nicht mehr in ein Landesparlament eingezogen war, und sich ihre Wahlergebnisse in der jüngeren Vergangenheit im Nullkommabereich bewegten. Es steht völlig außer Frage, dass die NPD im rechtsextremen Milieu auf Stimmenfang geht. Dies alleine stellt aber noch keinen Grund dafür dar, dass sich einige politisch korrekte Berufspolitiker von SPD und Grünen das Recht herausnehmen, über die Verfassungswidrigkeit der Partei zu entscheiden. Dies steht einzig und alleine dem Bundesverfassungsgericht der Bundesrepublik Deutschland zu und nicht einem kleinen Kreis selbsternannter „anständiger Demokraten". Natürlich stimmten dem Gerede um die Verfassungswidrigkeit der NPD alle

Medien der Meinungsmache fröhlich zu. Am 18.03.2003 befand das Bundesverfassungsgericht dann, dass das Verbotsverfahren der Antragsteller Bundestag, Bundesrat und Bundesregierung gegen die NPD eingestellt würde. Als Begründung wurde angeführt, dass durch die Einschleusung zahlreicher Spitzel vom Verfassungsschutz in die Partei eine mögliche Fremdsteuerung der NPD ein nicht behebbares Verfahrenshindernis darstellen würde. So war ans Tageslicht gekommen, dass V-Männer für den Verfassungsschutz die NPD unterwandert hatten und ihre Programmatik und Inhalte der letzten Jahre in entscheidendem Maße mitgetragen bzw. beeinflusst haben. Dieses Prozessende stellte eine große Blamage für die Institution des Staates und die Berliner Politik dar. Es liegt doch auf der Hand, dass man vermeintlichen Rechtsextremismus wie er in der NPD vermutet wurde, nicht dadurch politisch bekämpft, dass man die jeweilige Partei aufgrund vermeintlicher Verfassungswidrigkeit verbietet. Sollte es tatsächlich Anhänger nationalsozialistischen Gedankengutes in der NPD geben, so hätte ein Parteiverbot nur zur Folge gehabt, dass die jeweiligen politischen Akteure in einer anderen Partei oder einem anderen Bündnis zusammenkommen!
Begreifen wir endlich, dass der politische Gegner, wenn es ihn dann wirklich gibt und es sich nicht um Angestellte des Verfassungsschutzamtes selbst handelt, durch politische Argumentation und Souveränität besiegt werden muss. Ein primitives Verbot ist nicht nur wenig Ziel führend, es zeigt auch, wie sich

ein ganzer Staat wie im NPD-Verbotsverfahren durch falsches Verhalten blamieren kann! Vertrauen wir wieder unseren Überzeugungen und unser Kraft, Menschen, die vom demokratischen Weg abgekommen sind, zurückzuholen in unsere Gemeinschaft und ihnen deutlich zu machen, dass es keine Alternative zu einer aktiv gelebten Demokratie gibt! Auf diese Weise wird sich das Problem von Rechts- aber auch von Linksextremismus in Deutschland langfristig von selbst lösen!

Gerontokratie oder die Herrschaft der Alten

Die Folgen des demographischen Wandels wird Deutschland in besonderem Maß zu spüren bekommen. Aufgrund der Überalterung der Gesellschaft verliert Deutschland seine politische, geistige und wirtschaftliche Dynamik. Wenn Deutschland ein Land der Alten wird, fehlt die notwendige Dynamik, die für eine neue Zukunft des Landes notwendig ist! Natürlich könnte man meinen, dass die Überalterung der Gesellschaft kein Problem darstellen würde. Schließlich würden die Arbeitslosenzahlen durch die älter werdende Bevölkerung langsam zurückgehen. Dies ist nicht nur kurzsichtig, sondern schlichtweg Irrsinn!
Ein Problem wird sein, dass der technische Fortschritt erlahmen wird. Es werden nämlich bei

gleich bleibender Bevölkerungsentwicklung in wenigen Jahren die jungen innovativen Forscher fehlen. Untersuchungen aus dem Jahr 1967 haben ergeben, dass Wissenschaftler im Durchschnitt in ihrer Disziplin ihre Höchstleistung in einem Alter von 35 Jahren erreichen. Danach lässt die Leistungskraft bereits nach! Die geburtenstärksten Jahrgänge sind mit etwa 40 Jahren schon heute deutlich älter.
Somit hat Deutschland nur noch wenige junge Menschen, die eine gewisse dynamische Kraft entfalten können. Ausgerechnet diese jungen Menschen genießen dann in unserem Land noch eine schlechte schulische Ausbildung. Perverser könnte die Situation nicht sein. Ein Land, das sich gesellschaftlich und wirtschaftlich aufgegeben hat, muss genauso verfahren!
Zurück zur Behauptung, dass die Vergreisung unseres Landes langfristig ein gutes Mittel zur Bekämpfung der Arbeitslosigkeit darstellen würde. Tatsache ist, dass die Überalterung natürlich nicht nur Arbeitnehmer sondern auch Unternehmer und damit Arbeitgeber eliminiert! Dies wird also die Situation eher noch verschärfen. Denn neue Unternehmen, die Arbeitsplätze und Beschäftigung bringen, werden nun mal von relativ jungen Menschen gegründet. Im Schnitt sind die Unternehmensgründer in Deutschland zwischen 34 und 35 Jahren alt, was mit dem Alter der maximalen wissenschaftlichen Leistungsfähigkeit zusammenfällt. Die Situation wird also die dramatische Lage auf unserem Arbeitsmarkt nicht vermindern, sondern eher

noch zuspitzen! Die Alterung der deutschen Gesellschaft wird nicht nur unsere Wirtschafts- sondern auch unsere Innovationskraft schwächen, von der wiederum unsere internationale Wettbewerbsfähigkeit abhängt. Die Wirtschaft reagiert bereits auf diese dramatische Entwicklung: es gibt einen allgemeinen Attentismus der Investoren und der Verfall der deutschen Aktienkurse schreitet weiter fort.

Die Überalterung wird auch auf die deutsche Politik Auswirkungen haben. So wird sie auf die politischen Entscheidungsprozesse einen nicht unerheblichen Einfluss haben. Die entscheidende Variable für die Prognose politischer Mehrheiten ist der so genannte Median der Altersverteilung der bei politischen Wahlen stimmberechtigten Bevölkerung. In der Demokratie kann man keine politische Entscheidung gegen die Interessen des Medianwählers durchführen, weil diese sonst Gefahr läuft, keine Mehrheit zu finden. Trotz unterschiedlicher politischer Programme und Ideologien werden die deutschen Parteien immer bestrebt sein, eine Politik zu machen, die sich an den Interessen des Medianwählers interessiert, um sich eine politische Mehrheit zu sichern. Wenn man sich die Tatsache anschaut, dass der heutige Medianwähler in Deutschland in etwa 47 Jahre alt ist, dieser in 20 Jahren aber bereits 54 Jahre, dann ahnt man, welche signifikanten politischen Veränderungen Deutschland in den nächsten Jahrzehnten bevorstehen werden. Das politische System steht in Deutschland vor einem Umbruch, und Deutschland wird ein Land, indem die Alten über die

Jungen herrschen. Die deutsche Demokratie wird durch eine Gerontokratie abgelöst!

Deutsche leugnen ihre Identität

Schlimmer hätte es nicht kommen können. Die Deutschen schämen sich dafür Deutsche zu sein! Während Amerikaner und Engländer stolz im Ausland von ihrer Herkunft erzählen, klammern Deutsche im Ausland ihre Identität häufig aus. Ihnen ist es geradezu peinlich, aus Deutschland und damit aus „Nazi-Deutschland" zu kommen. Vielen ist es lieber, sich als halber Amerikaner oder Engländer darzustellen, als ein „Vollblut"-Deutscher zu sein. Was hat die Aufarbeitung der deutschen Geschichte nur angerichtet, dass Deutsche mit gesenktem Haupt durch die Welt ziehen und sich ihrer selbst schämen! Ist so ein Land überhaupt noch in der Lage, Herausforderungen wie die Bekämpfung der Massenarbeitslosigkeit und der immer weiter wachsenden Armut in Deutschland zu bekämpfen?
Ein Land mit einem kranken Selbstverständnis wird die notwendige Energie dafür nicht aufbringen.
Der Verein deutscher Sprache warnte am „Tag der deutschen Sprache" in Frankfurt am Main vor einer weiteren Vermischung des Deutschen mit englischen Ausdrücken und Begriffen. Keine andere Sprache leidet so unter der Illoyalität ihrer Sprecher wie die deutsche Sprache! Selbst in klassisch deutschen

Instituten wie den Goethe-Instituten würden die Mitarbeiter lieber Englisch kommunizieren, als sich ihrer Muttersprache Deutsch zu bedienen. Ausländischen Geschäftspartnern rät man, sich mit sinnvolleren Dingen zu beschäftigen, als mit dem Erlernen der deutschen Sprache. All dies ist symptomatisch für die systematische gesellschaftliche Verelendung der deutschen Nation. Wir Deutschen sind einzigartig in der Weise, dass sich kein anderes Land der Welt mit der gleichen Penetranz und Demut versucht, an den angelsächsischen Kulturkreis anzubiedern! Die Pidgin-Sprache, in der die meisten Deutschen heute sprechen ist eine Art „selbstgefertigter Kosmopolitenausweis", den seine Besitzer schwenken würden, um nicht als deutsche Staatsbürger erkennbar zu sein. So zumindest empfindet es der Dortmunder Wirtschafts- und Sozialstatistiker Walter Krämer. Das die Sprache auch ein Teil des Denkens ist liegt auf der Hand. Solange sich die Einstellung zu unserer deutschen Muttersprache nicht ändert, solange wird es auch wirtschaftlich mit uns nicht bergauf gehen.

Ein nicht zu unterschätzender Grund für das Scheitern deutscher Firmen im Ausland ist die Tatsache, dass die Konzerne häufig Deutsch als Verständigungssprache unter den deutschen Firmenmitarbeitern abschaffen und ihnen die englische Sprache aufzwingen. Erkennen wir endlich, dass wir nur in unserer eigenen Sprache zu Höchstleistungen auflaufen können, innovativ sein können und die Möglichkeit haben, neue Horizonte aufzustoßen!

Die Gier nach Subventionen

In Deutschland herrscht ein regelrechter Kampf um Fördertöpfe. Dabei geht es nicht nur um in Deutschland lebende Sozialhilfeempfänger. Auch Unternehmer, die auf staatliche Fördergelder aus sind, laufen in die Amtsstuben, wenn der Staat das Füllhorn seiner Leistungen ausschüttet. Dieses Verhalten der deutschen Unternehmer erinnert nur noch wenig an jenes der Pioniere der Gründerzeit in Deutschland. Viele Unternehmer haben eine befremdliche Subventionsmentalität entwickelt.

Dem Subventionsbericht der rotgrünen Bundesregierung nach zu urteilen werden in Deutschland pro Jahr in etwa knapp 60 Milliarden Euro an Subventionen in Form von Steuervergünstigungen und Finanzhilfen gewährt! Dieser Betrag ist unter Berücksichtigung der allgemeinen defizitären Haushaltslage ungeheuerlich. Wenn es sich bei den Subventionen nur um nützliche Förderungsmaßnahmen für gemeinnützige Aktivitäten und Zukunftstechnologien handeln würde, wären diese politischen Maßnahmen eine sinnvolle Sache. Leider geht es aber weniger um Förderungsmaßnahmen für solche gemeinnützigen Aktivitäten, als vielmehr um absurde Zahlungen an Uraltsektoren wie die Landwirtschaft und den Bergbau, was eher eine kontraproduktive Wirkung entfaltet. Gerade die Kohlesubventionen haben in den letzten Jahren besonders viel Ärger bei der Opposition verursacht. Richtig ist, dass die Subvention der Steinkohle nicht in einer Weise weitergefördert werden kann, wie es vielleicht vor wenigen Jahren der Fall war. Mit politischen Slogans wie „Rettet die Kohle" hat man schon Mitte der sechziger Jahre die massiven staatlichen Unterstützerzahlungen eingefordert. Somit wollte man die Arbeitsplätze der Bergleute gerade im Ruhrgebiet erhalten. Heute arbeiten diese Kumpel, die damals politisch geschützt werden sollten zu einem Großteil nicht mehr. Vielmehr arbeiten heute deren Enkel und außerdem türkische Gastarbeiter als Bergleute unter Tage. Hätte man schon auf die massiven Subventionen der Steinkohle in den sechziger Jahren verzichtet, dann hätten sich die heute dort Beschäftigten ein anderes Arbeitsfeld gesucht und ausländische Arbeitskräfte wären gar nicht erst nach Deutschland gekommen. Das soziale Problem mit der Steinkohle, das wir heute haben, hätte es nicht gegeben!

Neben dem Kohlebergbau gehört gerade auch die Landwirtschaft zu den großen Subventions-Empfängern in Deutschland. Man nimmt leichtfertig in Kauf, dass sich zur Stützung der Preise riesige Butterberge in Kühlhäusern aufhäufen. Diese Butter wird dann nach einigen Jahren, wenn sie ranzig geworden ist, zu Butterfett weiterverarbeitet oder zu Niedrigpreisen auf dem Weltmarkt verkauft. Die Produktion von Milchkühen wird durch Milchsubventionen angeregt, um anschließend Abschlachtprämien für die Kühe zu zahlen, welche nur der Subventionen wegen auf die Welt kamen! Diese vielen Subventionen in Deutschland, ob im Bereich der

Steinkohle oder der Landwirtschaft, müssen radikal
gekürzt werden. Wann begreift die Politik endlich,
dass sie sich trotz der Lobbyisten aus den geförderten
Bereichen nicht länger diese enormen Ausgaben bei
einer solchen Bundeshaushaltslage leisten kann und
dies mit sozialer Gerechtigkeit nichts zu tun hat?
Diese Art der Politik führt zu weiteren Wettbewerbs-
verzerrungen in dem ohnehin schon überbürokra-
tisierten Wirtschaftssektor und lähmt das deutsche
Wirtschaftswachstum seit langem! Haben wir endlich
den Mut, uns von dieser selbst zerstörerischen Schul-
denpolitik zu verabschieden. Eine Subventionspolitik
dieser Größenordnung wird uns nicht weiter bringen.

Der Aufstand der Anständigen

Bundeskanzler Gerhard Schröder rief im Jahr 2000
den „Aufstand der Anständigen" aus. Voraus gegan-
gen waren Anschläge auf eine Synagoge sowie auf
jüdische Emigranten aus Russland. Angeblich, so
dachte man, seien die Taten von Rechtsextremisten
verübt worden. Nach Bekannt werden der Taten
brach ein Sturm der Gazetten und TV-Magazine los.
Der Feind stand mal wieder „rechts" und musste mit
allen zur Verfügung stehenden Mittel bekämpft
werden. Das bürgerliche Lager knickte ein und ging
vor Schröder und seinem Appell an die Nation in die
Knie. Im ersten Fall waren die Täter nicht zu finden
und im zweiten Fall stellte sich heraus, dass es sich

um militante Moslems gehandelt hatte. Beides erfuhr man, wenn überhaupt, in der Presse nur im Kleingedruckten. Erwartungsgemäß gab es darauf hin keine öffentlichen Entschuldigungen oder Richtigstellungen, sondern die Medien verständigten sich mit der rotgrünen Bundesregierung vielmehr darauf, den „Kampf gegen rechts" fortzusetzen. Es hätte sich ja um Täter des rechten Milieus handeln können!

Nach der Wiedervereinigung Deutschlands breitete sich die Political Correctness als neue Form der Gesinnungsdiktatur im Land aus. Das heißt, dass seid vielen Jahren selbsternannte Gralshüter und ideologisierte Kammerjäger Demokratie und Liberalität gegen vermeintliche Gefahr von Rechts verteidigen! Gefahr von Links gibt es dagegen nicht. Gewissenhafte Demokraten müssten politische Gefahr von Links vielmehr aushalten und als große Bereicherung für die innere Ordnung der Bundesrepublik betrachten!

Rotgrün versucht mit einer beeindruckenden Penetranz die Geltungshoheit über Gut und Böse, Richtig und Falsch und alles Verwerfliche zu bekommen! CDU und FDP sind in der Pflicht, sich hier mutig gegen den vermeintlichen politischen Mainstream zu stellen! Das bürgerliche Lager darf sich nicht länger von SPD und Windradpartei vorschreiben lassen, wie es im Kampf gegen Extremismus vorgeht und welche Prioritäten zu setzen sind! Starten wir endlich den politischen Gegenangriff gegen diesen rotgrünen Gesinnungsterror! Die Bevölkerung wünscht sich nichts mehr als das!

Deutschlands Chancen in der Zukunft

Das es einen politischen Neuanfang in Deutschland braucht, ist klar. Kein politisches System und keine Regierung waren bisher von ewigem Bestand. Es bedarf keiner prophetischen Befähigung, um vorherzusagen, dass auch die Berliner Republik nicht unendlich bestehen wird! Dazu ist die Zeit, in der wir leben, zu wechselhaft. Deutschland muss und wird in Kürze von dem rotgrünen Spuk befreit sein! Dies bietet die Chance für einen Neuanfang, eine Zeit, in der auch ein gesellschaftlicher Kurswechsel bevorstehen muss, damit unser Land wieder Kraft, Optimismus und Vitalität entfaltet, wobei es sich um Eigenschaften handelt, die Deutschland einst hatte.

Eine neue bürgerliche Bundesregierung muss sich deshalb folgender Sofortmaßnahmen annehmen, damit Wohlstand wieder entsteht und die Arbeitslosigkeit mittelfristig besiegt werden kann:

1.)
Erstens braucht Deutschland ein neues Steuersystem. Kein Land der Erde hat ein so verworrenes, für den Laien unzugängliches und in keiner Weise besonders gerechtes Steuersystem wie unser Land! Selbst diejenigen, die sich beruflich mit dem Steuerrecht auseinandersetzen, wie Steuerberater und Steuerrechtler müssen regelmäßige Schulungen und Fortbildungen besuchen, um das gerade erlernte Wissen

wieder zu aktualisieren. Die vermeintlich „Klügsten" in unserem Land sind dann diejenigen, die dank einer guten steuerrechtlichen Beratung von den unzählig vielen Ausnahmetatbeständen im deutschen Steuerrecht Gebrauch machen und so wesentlich weniger Staatsabgaben zahlen, als ursprünglich vorgesehen. Das Problem lässt sich also nur mit einer radikalen Vereinfachung des Steuerrechtes lösen!

Dies muss zeitgleich mit der Abschaffung sämtlicher Ausnahmetatbestände wie Pendlerpauschale, Nacht- und Sonntagszuschläge geschehen, um eine entsprechende Wirkung zu zeigen. Gleichzeitig müssen die allgemeinen Steuersätze zur Entlastung des Einzelnen gesenkt und die Grundfreibeträge erhöht werden. Langfristig wäre an eine Einheitssteuer von zum Beispiel 19 Prozent zu denken, wie sie vor zwei Jahren in der Slowakei von der konservativen Regierung eingeführt wurde! Dort wurde deutlich, dass eine einheitliche Steuer sehr wohl sozial gerecht ausgestaltet werden kann, indem man die vielen Sonderbehandlungen vor allem der Großkonzerne abgeschafft hat und diese endlich genauso steuerliche Abgaben leisten müssen wie andere Mittelständler, Freiberufler und Arbeitnehmer! Eine klare und transparente Steuerpolitik für Deutschland wird das Wirtschaftswachstum nachhaltig ankurbeln!

2.)
Zweitens muss das Gesundheitssystem in Deutschland modifiziert werden. Auch hierzu bedarf es ei-

niger grundlegender Veränderungen. Wir brauchen ein grundlegend neues, zukunftssicheres System der gesetzlichen Krankenversicherung! Das heißt, dass die Krankenkassen für jeden erwachsenen Versicherten eine Art „Gesundheitsprämie" als kostendeckenden Beitrag erhalten sollen. Dabei muss die Gesundheitsprämie aus der persönlichen Prämie jedes Versicherten gespeist werden. Die Sozialverträglichkeit dieser Änderung im Gesundheitssystem wird dann dadurch erzielt, dass für Versicherte mit geringem Einkommen automatisch ein sozialer Ausgleich greifen muss! Wichtig ist, dass die Bürger nicht mehr belastet werden dürfen, als sie es ohnehin schon jetzt werden.
Kinder müssen auch in Zukunft beitragsfrei versichert bleiben.

3.)
Ein besonders wichtiges Feld ist drittens der Arbeitsmarkt und die damit verbundene Wirtschafts- und Sozialpolitik. Hier muss es einen radikalen Kurswechsel geben. Der schrankenlose Kapitalismus nach amerikanischem Vorbild muss auf die Plätze verwiesen werden! Es ist dringend notwendig, dass die Hartz-IV-Reform auf ihre Wirksamkeit hin überprüft wird. Um eine Entlastung sowohl auf Arbeitgeber- als auch auf Arbeitnehmerseite zu erreichen, müssen die Beiträge zur Arbeitslosenversicherung deutlich gesenkt werden. Dies stellt einen wichtigen Bestandteil hin zu mehr Wachstum dar.

Sofern es der Beschäftigungssicherheit in den Betrieben dient, sollen betriebliche Beschäftigungsbündnisse möglich sein. Um die Arbeitslosigkeit langfristig und nachhaltig zu bekämpfen, muss auch das Kündigungsschutzgesetz reformiert werden. Dieses Kündigungsschutzgesetz muss bei Betrieben mit bis zu zwanzig Angestellten ausgesetzt werden, um den Unternehmen einen größtmöglichen Gestaltungsspielraum bei der Einstellung neuer Arbeitskräfte zu sichern. In größeren Unternehmen sollte der Kündigungsschutz allerdings spätestens nach zwei Jahren der Beschäftigung wirksam werden, um den Arbeitnehmern eine größtmögliche Sicherheit zu gewähren. Um die Mitarbeiter der Firmen und Betriebe vor unternehmerischer Willkür und Ausbeutung zu schützen, scheint ein verpflichtender Mindestlohn eine sinnvolle und notwendige Maßnahme zu sein. Wie hoch dieser sein muss, wird nach einer seriösen und umfangreichen Analyse der Arbeitsmarktsituation festgelegt! Absurde Mindestlohnforderungen wie die der neuen Linkspartei sind daher strikt abzulehnen!

4.)

An vierter Stelle müssen die Rentensysteme den Herausforderungen des 21. Jahrhunderts und des demographischen Wandels in Deutschland angepasst werden. So bedarf die deutsche gesetzliche Rentenversicherung der privaten Ergänzung. Die Lebensarbeitszeit muss verlängert und Anreize zur Frühverrentung abgeschafft werden! In kaum einem anderen Land der Welt steigt man durch enorm lange Ausbildungszeiten erst so spät in den Beruf ein und wird dann aber wieder mit durchschnittlich sechzig Jahren frühverrentet! Dieser Wahnsinn muss gestoppt werden. Ein monatlicher Bonus von zum Beispiel 60 Euro für ein neugeborenes Kind in der Rentenversicherung soll ein Beitrag zur Bekämpfung der demographischen Krise in unserem Land darstellen! Ingesamt muss jedoch bei allen Reformen in der Rentenversicherung die Möglichkeit bestehen bleiben, unter Inkaufnahme hoher Abschläge mit sechzig Jahren weiterhin in Rente zu gehen.

5.)

Fünftens ist ein radikaler Kurswechsel in der Familienpolitik notwendig. In einer Zeit, in der immer mehr Paare kinderlos bleiben und das klassische und über Jahrtausende bewährte Bild der Familie von Mann, Frau und Kind durch die Linksideologen der 68er Generation schrittweise zerstört wurde, muss es finanzielle Anreize für das Zeugen von Kindern geben. Neben einem monatlichen Bonus von ca. 60 Euro in der Rentenversicherung für jedes neugeborene Kind ist ein massiver Ausbau der Kinderbetreuung in den Kommunen erforderlich. Nur wenn die Eltern die Möglichkeit haben, ohne große finanzielle Einbussen Kinder auf die Welt zu setzen, werden sie sich auch entschließen, ein zweites oder drittes Kind zu zeugen. Ein Anspruch auf Teilzeitarbeit darf in kleineren Unternehmen nur bestehen, wenn zu hause ein Kind betreut oder ein Angehöriger gepflegt werden muss!

All diese fiskalischen und steuerrechtlichen Maßnahmen werden jedoch nur dann Früchte tragen, wenn es auch einen grundlegenden Gesellschaftswandel hin zu einer Renaissance der traditionellen Werte gibt. Geldmaßnahmen allein werden das deutsche Volk vor dem Aussterben nicht bewahren können!

6.)

Sechstens muss eine klare Europapolitik betrieben werden, die die Grenzen und die Belastbarkeit der Europäischen Union aufzeigt und die für eine enge wirtschaftliche und politische Zusammenarbeit der einzelnen Mitgliedsstaaten arbeitet. Das heißt auch, dass die Erweiterung der Europäischen Union fortgesetzt werden kann. Politische Verlässlichkeit muss auch heißen, dass die Verträge der 25 Mitgliedstaaten mit Bulgarien und Rumänien eingehalten werden! Eine andere Europapolitik wäre inkonsequent. Auf der anderen Seite müssen wir dafür sorgen, dass die Integrationskraft der Europäischen Union nicht übermäßig belastet wird. Das heißt auch, dass man die Beitrittsverhandlungen mit der Türkei zumindest ergebnisoffen führen muss! Glauben wir nicht, dass es sich um einen unumkehrbaren Prozess handelt. Wenn türkische Reformen nur auf dem Papier bestehen und die Realität mit einer „Verwestlichung" nichts zu tun hat, ist eine Aufnahme verfrüht. Deutschland muss den Mut haben, hier europapolitische Akzente zu setzen!

Damit Europa nicht zu einem bürokratischen Monstrum verkommt, ist es dringend notwendig, dass es bürgerfreundlicher gestaltet und eine transparentere und verständlichere Europapolitik in Straßburg und Brüssel die Bürgerinnen und Bürger unseres Landes für die europäische Idee gewinnen lässt! Der Europäische Verfassungsvertrag ist ein erster Schritt in diese Richtung. Allerdings muss die deutsche Bevölkerung die Möglichkeit erhalten, durch eine Volksabstimmung an der Politik mitzuwirken! Wer die Bürger bei wichtigen Themen wie diesen außen vorlässt, darf sich nicht wundern, wenn ihm im entscheidenden Moment die Unterstützung durch das Volk versagt wird! Nehmen wir die Menschen mit.

7.)

Siebtens ist eine klare und verantwortungsvolle Sicherheitspolitik für Deutschland notwendig. Durch eine von antiamerikanischen Ressentiments geleitete Außenpolitik der Regierung Schröder-Fischer hat Deutschland seine Freundschaft zu den Vereinigten Staaten leichtfertig verspielt und als Bündnispartner an Bedeutung verloren. Das verloren gegangene Vertrauen muss schnellstmöglich zurück gewonnen werden, damit eine Zusammenarbeit auf Augenhöhe mit Amerika wieder möglich ist. Damit ist kein sklavisches Jasagertum zu allen amerikanischen Projekten gemeint, sondern es ist ein diplomatisches Verhandlungsgeschick erforderlich, dass zwischen zwei befreundeten Nationen eine Selbstverständlichkeit darstellt.

Aufgrund der hohen Gefahr terroristischer Bedrohungen muss ein gemeinsames Informations- und Analysezentrum sowie Anti-Terror-Dateien von Polizei und Nachrichtendiensten eingerichtet werden. Dies soll die Auffindbarkeit von Terroristen erleichtern und ein Frühwarnsystem schaffen, das lange vor einem eigentlichen Anschlag die Bevölkerung warnen und diese sich in Sicherheit bringen kann!

Es ist darüber hinaus unerlässlich, dass Sympathiewerbung für terroristische und kriminelle Vereinigungen oder Verbände anders als bisher unter der rotgrünen Regierung unter Strafe gestellt werden! Nur so kann eine potentielle Gefahr terroristischer Aktionen innerhalb Deutschlands direkt eliminiert werden. Damit muss auch die konsequente und kompromisslose Abschiebung ausländischer Straftäter aus Deutschland einhergehen! Die laxe strafrechtliche Verfolgung durch die 68-er Generation hat dazu geführt, dass die Straftaten gerade unter ausländischen Mitbürgern in den letzten Jahren weiter dramatisch zugenommen haben. Aus Angst vor dem Verstoß gegen die vermeintliche Political Correctness, werden viele durch Ausländer verübte Straftaten nicht mehr als solche kenntlich gemacht. Die CDU/CSU steht hier in der Pflicht, mit allem Nachdruck für eine Verschärfung der Strafnormen einzutreten und damit für alle potentiellen Täter ein Exempel zu statuieren.

8.)

Im Bereich des Bildungswesens muss sich ebenso viel ändern, wie in den anderen Bereichen der Politik. Die PISA-Studien haben die Defizite an den deutschen Schulen offenbart. Nur wenige deutsche Hochschulen können mit den besten Universitäten dieser Welt mithalten! Deutschland ist in den letzten Jahren zurückgefallen. In dem Irrglauben, es allen recht machen zu müssen, haben SPD und Grüne hunderttausende von Abiturienten an unsere Hochschulen gelassen, mit dem Resultat, dass dies zu Lasten des allgemeinen Niveaus an den einzelnen Universitäten führte. Hohe Studienabbrecherquoten sind seitdem die gewohnte Folge. Damit muss nun Schluss sein! Verbindliche Aufnahmetests an den einzelnen Universitäten und Fachhochschulen sollen dafür sorgen, dass direkt zu Studienbeginn die geeigneten Studenten die einzelnen Studienfächer belegen und so die Abbruchquoten verringert werden.
Auch muss die vorschulische Sprachförderung weiter ausgebaut werden. Verbindliche Sprachtests ab der ersten Klasse müssen garantieren, dass zu Beginn eines Schuljahres alle Schüler dem deutschen Unterricht folgen können. In einigen Schulen in den sozialen Brennpunkten Deutschlands wie Berlin, dem Ruhrgebiet oder Köln verstehen nahezu 50 Prozent

der Schüler einer Klasse die deutsche Sprache nicht! Gerade im Hinblick auf eine forcierte und verbesserte Integration der aus dem Ausland zu uns kommenden Immigranten, stellen Sprachprüfungen und Sprachförderungsprogramme das einzig sinnvolle Mittel dar, die weitere Entwicklung von Parallelgesellschaften zu vermeiden.

9.)

Auch die Energiepolitik ist ein wichtiges und umstrittenes Themenfeld. Klar muss sein: die Energiepolitik, insbesondere in Bezug auf die erneuerbaren Energien wie sie Rotgrün verfolgt hat, kann so nicht weitergeführt werden! Durch Trittins Windradwahn sind ganze Landstriche in großen Teilen Deutschlands verschandelt worden. Eine Energiepolitik, die unter dem Vorwand der Umweltschonung daherkommt, gleichzeitig aber das deutsche Landschaftsbild in zunehmendem Maße zerstört, kann und darf nicht die Lösung sein! Vielmehr muss es einen Energiemix geben, der in Zeiten knapper Energieressourcen ein sinnvolles Gleichgewicht herstellt zwischen erneuerbaren Energien und der Energiegewinnung mit fossilen Brennstoffen. Dieser Mix muss bestehen aus Erdöl, Gas, Kohle, Kernenergie, als auch aus Biomasse, Wasser-, Wind- und Sonnenenergie. Klar ist, dass mit Wind- und Solarenergie allein der drastische steigende Energiebedarf und die vermeintlichen Klimaschutzziele nicht in Einklang zu bringen sind.

Kämpfen wir also für eine bessere Politik in Deutschland, die sich an den Belangen der Bevölkerung orientiert. Deutschland braucht wieder ein Profil!